Dieser Band erscheint mit freundlicher Unterstützung
der Ostdeutschen Sparkassenstiftung
im Freistaat Sachsen gemeinsam mit
der Kreissparkasse Mittweida

Udo Baumbach

Schloss Rochlitz

Fürstliche Residenz, Witwensitz, Verbannungsort

Edition Leipzig

Frontispiz: Blick über die Mulde zum Schloss

Die Deutsche Bibliothek – CIP Einheitsaufnahme
Ein Titeldatensatz für diese Publikation ist bei der Deutschen
Bibliothek erhältlich.
ISBN 3-361-00549-3

© 2002 by Edition Leipzig.
Edition Leipzig ist ein Unternehmen der Verlagsgruppe Dornier.
www.dornier-verlage.de

Die Verwertung der Texte und Bilder, auch auszugsweise, ist
ohne Zustimmung des Verlages urheberrechtswidrig und strafbar.
Dies gilt auch für Vervielfältigungen, Übersetzungen,
Mikroverfilmungen und für die Verarbeitung mit elektronischen
Systemen.

Reproduktionen: Förster & Borries GmbH, Zwickau
Druck: Westermann Druck, Zwickau
Printed in Germany
Gedruckt auf alterungsbeständigem Papier mit chlorfrei
gebleichtem Zellstoff.
Die Schreibweise folgt den Regeln der neuen Rechtschreibung.

Inhalt

Was man wissen sollte	6
Einleitung	9
Rundgang durch Schloss und Museum	16
Schloss 16	
Museum 18	
Folterkammer 23	
Die Ekkehardinger	24
König Heinrich III. und Königin Agnes	32
König Heinrich IV. und Königin Bertha	35
Graf Dedo von Groitzsch und Rochlitz, Markgraf der Ostmark	41
Pfalzgraf Friedrich von Sachsen, später Friedrich der Freidige (= der Kühne), der Gebissene, Landgraf von Thüringen und Markgraf von Meißen	53
Bischof Sigismund von Würzburg, Herzog von Sachsen	61
Herzogin Amalie von Bayern	66
Hochmeister Friedrich von Sachsen und Albrecht von Brandenburg-Ansbach	73
Elisabeth, die »Herzogin zu Rochlitz«	78
Staatsgefangener Professor Dr. Caspar Peucer, Prinzessin Anna von Oranien, Herzogin von Sachsen	89
Kurfürst Christian I. von Sachsen und Kurfürstin Sophie	99
Magdalena Sibylla Reichsgräfin von Rochlitz, Mätresse Kurfürst Johann Georgs IV. von Sachsen	109
König Karl XII. von Schweden, Christiane Eberhardine, Gemahlin Augusts des Starken, Friedrich der Große, Prinzessin Irene von Hessen	112
Zeittafel	119
Literatur	123
Bildnachweis	125
Karte	126/127
Anschriften der Schlösser	128

Sachsenwappen aus einem Fenster
der Schlosskapelle

Was man wissen sollte

Adresse   Staatlicher Schlossbetrieb,
Schloss Rochlitz
Sörnziger Weg 1
09306 Rochlitz
Telefon: (0 37 37) 49 23 10
Fax: (0 37 37) 49 23 12
E-mail: info@schloss-rochlitz.de
Internet: www.schloss-rochlitz.de

Öffnungszeiten   Februar bis Oktober
täglich außer Montag 10 – 18 Uhr

November bis Februar
täglich außer Montag 10 – 16 Uhr

letzter Einlass: 16.30 Uhr
Geschlossen: 24.12. / 31.12. / 01.01.

Anfahrt	von Leipzig A 14 Richtung Dresden – Abfahrt Grimma; in Richtung Grimma/Colditz; von Chemnitz B 107; von Berlin A 4 – Abfahrt Schkeuditzer Kreuz, A 14 Richtung Leipzig/Dresden; von Dresden A 4 – Abfahrt Hainichen in Richtung Mittweida
Führungen	nach Vorbestellung
Informationen	Bücher, Postkarten, Plakate, Souvenirs
Veranstaltungen	siehe Veranstaltungskalender: Konzerte, Theater, Filmvorführungen, Lesungen, Sonderführungen, Programm für Kinder
Vermietungen	Anmietung von Räumlichkeiten im Schloss möglich
Fotografieren und Filmen	in den Schlossräumen mit Genehmigung
Eintritt	wird erhoben

Einleitung

Die westsächsische Burg »Schloss Rochlitz« an der Zwickauer Mulde, 995 erstmals indirekt erwähnt und seit dem ausgehenden 14. Jahrhundert als Schloss bezeichnet, zählt zu den wenigen Örtlichkeiten in Sachsen, die vor dem Jahre 1000 genannt werden. Damit gehört Rochlitz gewissermaßen zu den Angelpunkten der älteren sächsischen Geschichte. Wenn im Folgenden in ausgewählten Abschnitten von Königen und Fürsten die Rede ist, so entspricht das dieser historischen Situation. In der Tat ist die ältere Geschichte der einstigen Reichsburg und späteren wettinischen Landesburg weithin zugleich sächsische Landesgeschichte. Mit der Burg verbinden sich in besonderem Maße wechselvolle menschliche Schicksale. Der Erinnerungswert ist groß. Von hier sind in erstaunlicher Dichte Impulse und Entscheidungen ausgegangen, die sowohl Einfluss auf den Gang der sächsischen Geschichte als auch Wirkung auf die deutsche Nationalgeschichte gehabt haben. Insgesamt acht Mal war Schloss Rochlitz Residenz für Angehörige des sächsischen Fürstenhauses.

Für die Auswahl der in den folgenden Kapiteln beschriebenen Personen war deren historische Bedeutung, ihre Beziehung zu Rochlitz und ihr konkreter Stellenwert für die Burg- und Landesgeschichte ausschlaggebend. Das schließt auch zwei Personen mit ein, die nie in Rochlitz gewesen sind. Die Darstellung in ausgewählten Abschnitten führte zwangsläufig zu Unterbrechungen in der historischen Abfolge. Eine zusammenfassende Einleitung und eine Zeittafel erleichtern die Einordnung.

Neben der militärischen, besaß die Burg selbstverständlich von Anfang an eine Funktion als Sitz der regionalen Verwaltung für das zugehörige Territorium, das als Gau, Burgward, provincia, Grafschaft, Vogtei, Pflege, Amt, Amtshauptmannschaft und erst seit 1933 mit dem preußi-

links: Schloss Rochlitz ist ein Ensemble historisch gewachsener Bauteile, aber auch ein hervorragendes Beispiel bewusster architektonischer Gestaltung großer Baumassen. Seit 1375/80 stehen im Osten Fürstenhaus und Querhaus dem etwa gleichzeitig entstandenen westlichen Turmpaar gegenüber.

Wappen des Amtsschössers
Jakob Rüdiger, 1656

schen Begriff »Kreis« bezeichnet wird. Als Landesburg galt sie sogar im doppelten Sinne: Burg des Landes Meißen und Mittelpunkt des historischen »Landes« Rochlitz. Der Sitz der untersten Behörde der landesherrlichen Verwaltung war immer an eine solche Landesburg gebunden. Die Verwaltung, das »Amt«, befand sich nebst Stallungen und Wirtschaftsräumen bis zur Belagerung 1644/45 im Unterschloss. Bis hierher hatten Bürger und Bauern offiziellen Zutritt. Das Oberschloss war bis dahin ausschließlich der Herrschaft vorbehalten.

Die Verwaltung wechselte erst im 19. Jahrhundert vom Schloss auf das Territorium der Stadt und ging 1994 – nach mehr als einem Jahrtausend – auf die neue Kreisstadt Mittweida über. Auch die 1994 aufgelöste territoriale Wehrverwaltung (Verteidigungskreiskommando) und das 1994 nach Hainichen verlagerte Amtsgericht waren ursprünglich ebenfalls an das Schloss gebunden, das Amtsgericht als einzige und letzte Behörde sogar bis 1990.

In den vergangenen Jahrhunderten hatte die Burg als fürstliche Hofhaltung für eine Regierung ohne feste Hauptstadt gedient, die nur durch ein ständiges Umherreisen des Landesherrn ausgeübt werden konnte. Diese fürstlichen Besuche richteten sich nach individuellen Entscheidungen und politischen Erfordernissen, aber auch nach wirtschaftlichen Bedingungen.

Unter Markgraf Wilhelm dem Einäugigen (1343/1382 bis 1407), für den zahlreiche Aufenthalte in Rochlitz bezeugt sind, hatte die Burg im ausgehenden 14. Jahrhundert eine durchgreifende Umgestaltung und Modernisierung erfahren. Sie ging bezeichnenderweise mit der etwa gleichzeitig aufgekommenen Benennung als »sloß« einher und erwies sich neben der herrschaftlichen Grundlage und der Ertragssituation des Amtes als wichtige Voraussetzung, damit Rochlitz für weitere zwei Jahrhunderte – mit Unterbrechungen immerhin 63 Jahre lang – gern besuchter Aufenthaltsort regierender Fürsten und beliebte Witwenresidenz werden konnte. Die Bedürfnisse der Hofgesellschaft bestimmten nachhaltig Handwerk und Gewerbe, Kultur und Sozialgefüge der Stadt. Sie brachten gehörigen Umsatz, aber auch Abhängigkeiten. Auch wenn diese Residenzzeiten im Einzelnen nur kurz – maximal bis zu 28 Jahren – und mit größeren Zwischenräumen verbunden waren, werden sie doch die Entwicklung der Stadt stärker beeinflusst haben als sich heute nachweisen lässt. Die mit ihnen verbundenen wirtschaftlichen Brüche werden für die damals maximal 2500 Einwohner zählende Stadt wohl immer schmerzhaft spürbar gewesen sein. Dieses ständige Auf und Ab in der Nutzung des Schlosses, verbunden mit einem fortwährenden Wechsel zwischen anspruchsvoller Bautätigkeit und Vernachlässigung, wie in Rochlitz, ist kein Einzelfall. Glanzperioden und Zeiten mangelnder Baupflege bis hin zur Verwahrlosung sind auch bei anderen landesfürstlichen Schlössern geläufig. Nach 1600 verlagerte sich die Funktion Witwenresidenz vom Hügelland des Muldentales in die Ebene des Kurkreises, z. B. zur Lichtenburg. In der Spätrenaissance und im heraufziehenden Zeitalter des Barock hatte man andere Vorstellungen von räumlicher und landschaftlicher Weite, die sich auf den alten Burgschlössern nicht mehr verwirklichen ließen.

Was für Rochlitz folgte, war eine Periode der Abbrüche, des stetigen Niederganges, des Verfalls. Die erste Zäsur setzte der Dreißigjährige Krieg, in dem es noch einen gewissen, wenn auch fraglichen Verteidigungswert besaß, denn die Rüstungswettläufe waren seit nahezu zwei Jahrhunderten an ihm vorbeigegangen. Als einschneidendste Veränderung erfolgte 1717 der Abbruch des Unterschlosses, das man seit der Belagerung 1644/45, mit Notdächern versehen, als baulich gesicherte Ruine für einen künftigen Wiederaufbau bewahrt hatte.

Das ausgehende 18. und die erste Hälfte des 19. Jahrhunderts brachten einen Tiefpunkt in der Baupflege. 1852

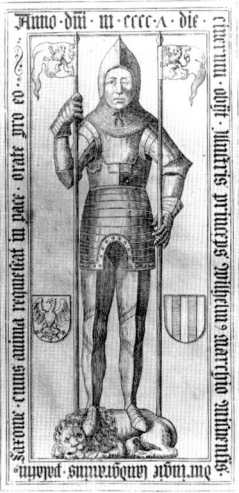

Wilhelm I., der Einäugige (1343–1407), Markgraf von Meißen

Nordfront mit Schlosskapelle. Sepiazeichnung von F. Farber, Mitte 19. Jahrhundert

wurde das ausgewogene Raumverhältnis des Hofes und die beherrschende Stellung des Turmes »Finstere Jupe« durch den Einbau einer nüchternen dreigeschossigen Untersuchungshaftanstalt mit flachem Satteldach nachhaltig gestört. Der Abbruch dieses maßstablosen Gebäudes und die teilweise Rekonstruktion des Nordwehrganges waren 1990/91 das Jahrhundertereignis für das Schloss. Diese 1852 für zwei Justizbehörden ins Werk gesetzte durchgreifende Umgestaltung und Modernisierung betraf außer dem Neubau der Haftanstalt auch große Teile des Schlosses. Sie ermöglichte die Nutzung für weitere anderthalb Jahrhunderte, aber unter erheblichen Substanzverlusten. Im Fürstenhaus haben die Eingriffe sogar wesentlich zum Verlust der Standsicherheit beigetragen. Die Einsturzgefahr ist inzwischen gebannt: Die großartige Architektur des Hauses wurde wieder erkennbar. Dabei konnte auch ein Uraltschaden, die 1644/45 von einer Granate in die

Schlosshof, Südseite mit Palas. Sepiazeichnung von Robert Wehle, 1828

fast drei Meter starke Giebelwand gerissene 40 Quadratmeter große Bresche, die der Kurfürst nur provisorisch hatte ausbessern lassen, nach mehr als 350 Jahren repariert werden.

Das seit Sommer 1993 bauseitig vom Staatlichen Hochbauamt Chemnitz betreute Schloss wurde 1994 nach achtundfünfzigjährigem Interregnum als Staatsbesitz vom Freistaat Sachsen übernommen. Es untersteht als Staatlicher Schlossbetrieb der Sächsischen Schlösserverwaltung. Seitdem sind über dreieinhalb Millionen Euro investiert worden. Das Schloss durchlebt gegenwärtig einen besorgniserregenden, aber auch äußerst hoffnungsvollen Zeitabschnitt. Erstmals in seiner Geschichte sind große Teile freigezogen; zu viele Mängel wurden über Jahrhunderte nicht oder völlig unzureichend behoben. Eine neue, tragfähige, der überkommenen Bausubstanz angemessene und zugleich sensible Nutzung muss auf

Einleitung

Dauer gewährleistet werden. Einziger Nutzer ist zur Zeit das Museum.

Wie die meisten Schlösser, die aus einer Burg hervorgegangen sind, ist auch Schloss Rochlitz kein einheitliches Bauwerk. Äußerlich ist es vor allem ein Bau der Spätgotik, wobei die späteren Zutaten und Änderungen erst auf den zweiten Blick auffallen. Da die Fürsten bei aller Baufreudigkeit meist sehr sparsam mit ihren eigenen Mitteln umgegangen sind, hat sich erstaunlich viel alte Bausubstanz erhalten können.

Im Äußeren und noch mehr im Inneren zeugen zahlreiche sichtbare Bauzustände von der Intensität des historischen Baugeschehens. Beim Wandern und Steigen durch das tausendjährige Bauensemble sind derzeit 24 Räume mit mehr als 1000 Quadratmetern Fläche zu besichtigen. Weitere 1000 Quadratmeter Schlossräume mit vielfältigen historisch- und kunstgeschichtlich wichtigen Baudetails kommen in absehbarer Zeit hinzu.

Sonderausstellungen, Führungen und thematische Sonderführungen, z. B. zur Baugeschichte, werden angeboten.

Es besteht die überaus seltene Möglichkeit, eine stattliche Folge herrschaftlicher Innenräume des ausgehenden 14., 15. und 16. Jahrhunderts der Öffentlichkeit zu erschließen, weitgehend in der alten Farbigkeit. Einige Räume gehören zusammen mit der Kapelle, dem architektonischen Glanzstück des Schlosses, in die Blütezeit der obersächsischen Spätgotik, einer Sonderentwicklung der Architektur, die sich im wirtschaftlich starken Sachsen herausbilden konnte. Sie stehen in Qualität und Formensprache sowie als frühes Beispiel der Appartementbildung in engster Nachbarschaft zur Albrechtsburg in Meißen, dem frühesten Schlossbau Deutschlands. Daraus erwächst eine besondere Verantwortung. Diese weithin einzigartigen fürstlichen Repräsentationsräume sind in ihrem kunstgeschichtlichen, politischen und wirtschaftlichen Aussagewert nicht zu unterschätzen: Sie sind Be-

standteil des muldenländischen Kulturraumes und Zeugnis einer anspruchsvollen Handwerkskunst der Steinmetze und Zimmerleute, vor allem aber eine beeindruckende Dokumentation der Steuerkraft und der Prosperität des wettinischen Landesstaates.

Blick vom Turm der Petrikirche über das Gelände des Unterschlosses zum Oberschloss

Rundgang durch Schloss und Museum

Schloss

Zum Schloss, dem Nachfolger einer Burganlage des 10. Jahrhunderts, gelangt man am besten von Osten, vom Mühlplatz her. Hier lag eine östliche Vorburg, in der vor 981 die Petrikirche errichtet wurde. Der ansteigende Burgweg, eigentlich ein Zwinger, führt direkt auf das alte romanische Burgtor zu, der zugehörige Torturm ist in der Baumasse des Querhauses aufgegangen. Auf dem hoch

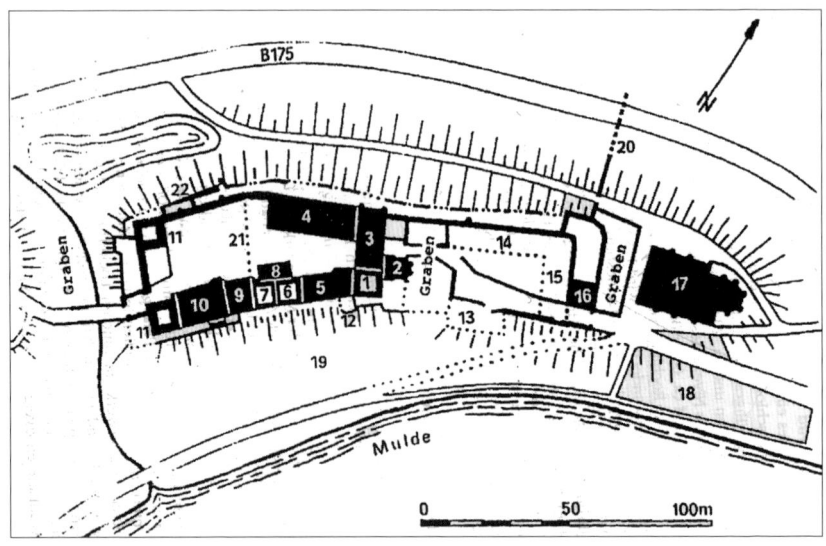

1 Torturm, um 1150
2 Schlosskapelle, um 1477/80
3 Kemenate (1 + 3 = Querhaus)
4 Fürstenhaus, 1375/80
5 + 6 Palas, um 1170
6 Wohnturm I, nach 1115
7 Wohnturm II, um 1170
8 Kellerhaus, 14. Jahrhundert
9 Große Hofküche, 14. Jahrhundert
10 Kleines Haus, Anfang 15. Jahrhundert
11 Türme Lichte Jupe und Finstere Jupe, Ende 14. Jahrhundert
12 Brunnenhaus
13 Kornhaus
14 Pferdestall
15 Schösserei
16 Torwärterhaus
17 Petrikirche
18 Küchengarten
19 Langer Garten
20 Stadtmauer
21 Sperrmauer
22 Badehaus

gelegenen Gartengelände standen die Wirtschafts- und Verwaltungsgebäude des 1645 zerstörten Unterschlosses. Erst 1717 wurden die für einen Wiederaufbau mit Notdächern gesicherten Ruinen bis auf die Umfassungsmauern abgebrochen. Die Kapelle, ein Neubau von 1375 bis 1380, reicht seit dem spätgotischen Umbau 1477 bis 1480 mit der Substruktion des Chores bis in den Mittelgraben hinunter. Das bewirkt einen unwahrscheinlichen Vertikalismus. Der unbekannte Baumeister von Kurfürst Ernst und Herzog Albrecht war ein Zeitgenosse oder Schüler Arnolds von Westfalen. Seit etwa 1380 führt auch der Zugangsweg durch das Mitteltor und eine gleich alte Halle mit einem mächtigen Rundbogen, deren südliche Hälfte die Erweiterung der Kapelle aufnahm. Der Hof überrascht durch seinen burgartigen Charakter. Burg oder Schloss? – beides richtig. Rochlitz ist eine alte Landesburg, die auf dem Weg zum »Schloss« stehen geblieben ist. »Lichte« und »Finstere Jupe«, die beiden Ende des 14. Jahrhunderts errichteten Türme, sind Symbole wettinischer Landesherrschaft: Unter Markgraf Wilhelm befand sich der Landesstaat der Wettiner auf dem Vormarsch. Ein Blick auf den Südflügel macht deutlich, dass er aus Gebäuden unterschiedlichen Alters zusammengewachsen ist, eine Erkenntnis, die später im Museum »mit den Füßen« nachvollzogen werden kann: Jeder Baukörper hat sein eigenes Fußbodenniveau! Wie pragmatisch man vorgehen konnte, lässt sich vor dem Nordwehrgang erkennen. Stünde hier die Aufgabe, die Baulücke zwischen Turm und Fürstenhaus mit einem Gebäude zu schließen, müsste nur eine Wand errichtet werden. Drei Wände sind schon da! Nur das Fürstenhaus und zum Teil auch das Querhaus sind »Neubauten«.

Durch das Obertor geht es hinaus auf die Brücke. Ende des 14. Jahrhunderts erreichte der Halsgraben seine überwältigende Größe: 30 Meter Breite, 18 Meter Tiefe. Er diente zeitweilig als Steinbruch. Mittelalterliches Bau-

»Finstere Jupe« und »Lichte Jupe« mit dem Westzwinger und den Resten einer vorspringenden Bastion

material gewann man in der nächsten Umgebung. Weiter führt der Weg den Schlossberg hinauf. Westlich der Forsthäuser liegt links am Waldessaum ein verschliffener Wall. Vom Mühlplatz bis hier herauf reicht das Burggelände! Die ältere Forschung erkannte ein Ablösungsverhältnis: hier oben die slawische Burg, unten der frühdeutsche Nachfolger. Heute sieht man hier ein Sub urbuim, eine befestigte Handwerkersiedlung im Schutze der Burg. Zurück zum Schlosshof!

Museum (Die Ziffern verweisen auf den Lageplan)

Empfangs- und Kassenraum Er ist ein Teil der unter Kurfürst Christian I. eingerichteten »Canzleystube«. Bis 1375/80 gehörte er zur Durchfahrt des älteren Burgweges, der hier durch einen romanischen Torbogen den Hof erreichte. Die Bretterdecke ist von 1588/89 **(5)**. Wir wenden uns nach links **(Rundgang 1)**.

»Borncammer« Der Raum ist ein Teil der Durchfahrt für den 1375/80 aufgegebenen älteren Burgweg **(5)**. Hofseitig sorgen zwei Arkaden für eine ausreichende Belichtung des Weges. Die Wandnische mit den gekoppelten Fenstern entspricht dem Zugang zum Brunnenhaus **(12)**. Die Balkendecke stammt vom Ende des 14. Jahrhunderts. Eiserne Stückkugeln von den Belagerungen 1645 sind ausgestellt.

»Sacristei« Der Raum entspricht der 1375/80 aufgegebenen Torhalle des romanischen Torturmes **(1)**, seit 1477/80 wurde er als Sakristei genutzt. Das Kreuzrippengewölbe mit den Gurtbögen ist aus der Zeit nach 1537. Am inneren Torbogen befinden sich Spuren einer Brandkatastrophe aus dem 14. Jahrhundert. Der Wandtresor aus dem 15./16. Jahrhundert stammt aus dem 1717 abgebrochenen Unterschloss.

Terrasse Seit etwa 1800 existiert die Aussichtsterrasse mit Blick ins Muldental, ursprünglich befand sich hier ein Zwinger. Um die Ecke blickend sieht man das zweischenklige Vorhangbogenfenster der Sakristei und das romanische Burgtor. Vor den gekoppelten Fenstern der Bornkammer verweist eine Fundamentlücke auf den Standort des ehemaligen Brunnenhauses (12). Die zwei biedermeierlichen Sofabänke aus Rochlitzer Porphyrtuff sind aus der 1. Hälfte des 19. Jahrhunderts.

»Capelle« oder Schlosskirche Der einschiffige Raum besteht aus zwei Baukörpern, aus den bis zur Ecke des Torturmes reichenden Wänden der zweigeschossigen Vorgängerkapelle von 1375/80 und der in das Querhaus »hineingeschobenen« Erweiterung mit dem Sterngewölbe. Chorpolygon, Netz- und Sterngewölbe stammen aus der Zeit um 1477/80. Beide Teile sind durch ein Netzgewölbe geschickt vereinheitlicht. Nur der »Achsensprung« im Gewölbe – vom Chor und von der Empore aus gut zu übersehen – verweist auf bauliche Schwierigkeiten. Typisch für die Formensprache der Albrechtsburg sind die doppelgekehlten Rippen und die »ineinander gesteckten« Rippenanfänger. Die großzügige spätgotische Wand- und Deckenmalerei ist in Sekko-Technik ausgeführt. Der Bildzyklus über Heiligenlegenden ist im Wesentlichen lesbar. Der Markmeißnisch-sächsische Wappenstein entstand um 1370, die Grabplatten stammen aus dem 13. bis 18. Jahrhundert.

Sängerempore Eine Wendeltreppe mit zierlicher Spindel, hineingestellt in den Eckverband des Torturmes (1), verbindet die Kapelle mit den ehemals fürstlichen Wohnräumen. Auf der Empore sangen Kantorei und Lateinschüler á capella bis zu zwölfstimmige Motetten. Ein enger Zugang um den Eckverband des Torturmes herum, führt zur »Herzogenempore«. Zwei Einbaumtruhen, so genannte »Gotteskästen« sind aus dem 14./15. Jahrhundert.

Die Terrasse am Turm »Lichte Jupe« gewährt einen weiten Blick in die Landschaft. Sie ist der letzte Rest eines größeren Südwestzwingers mit den 1986 freigelegten Zinnen und Scharten.

Eckraum Er liegt im 1. Obergeschoss des Torturmes **(1)**. Freigelegt wurden ein weitgehend erhaltener romanischer Putz, eine Pforte und vier kleine, hoch gelegene Rundbogenfenster mit beidseitiger Trichterleibung. Bemerkenswert sind Fenster mit originalem Anschlag für den Fensterrahmen (um 1150) und eine Bretterdecke (um 1480).

»Herzoginstube« Dieser Frührenaissance-Raum besaß zwei raumbestimmende Erker, von denen der hofseitige erhalten ist (nach 1537). In der Form ist er noch stark spätgotisch verhaftet; der Frührenaissance zuzuordnen sind die Malerei und die Farbigkeit der profilierten Balkendecke. Ein Wandfries in gleicher Farbigkeit – bisher nur in einer Probe freigelegt – und Möbel aus dem 17. Jahrhundert sind zu sehen. Über den Wendelstein geht es zurück zum Empfangs- und Kassenraum **(Rundgang 2)**.

»Kleine Küche« oder »Hauptmanns Küche« Sie ist in das Erdgeschoss des romanischen Wohnturmes I **(6)** eingebaut. Die zwei Türgewände sind mit Schieberiegelverschluss ausgestattet, davon das östliche mit Bohlensturz (dendrodatiert: »nach 1115«). Der Wohnturm ist das älteste datierte Profangebäude in Sachsen! Der Fußboden, ursprünglich etwa in Höhe der Türschwellen gelegen, sank durch Baumaßnahmen im Keller auf das heutige Niveau. Die Lehmschlagdecke stammt wohl aus dem 14. Jahrhundert.

Hofstube Dieser Aufenthaltsraum, zwischen den zwei Küchen gelegen, wurde 1593 als »Gewelbe« (= Speisekammer) bezeichnet. Er liegt im Erdgeschoss des romanischen Wohnturmes II **(7)**. Ein kleines monolithes Kellerfenster mit seitlichen Balkenlöchern der einstigen Kellerdecke gehört zu einem Vorgängergebäude, wohl aus dem 11. Jahrhundert. Die Lehmschlagdecke stammt etwa aus dem 14. Jahrhundert, die gusseisernen Etagenöfen sind aus dem 19. Jahrhundert.

»Große Hofe Küche« Der riesige Raum **(9)** mit Kreuzrippengewölben, 91 Quadratmeter groß mit einem Rauchfang von 5,40 × 5,70 Meter, ist dendrodatiert (Rauchfangunterzug: 1378). Trebergrube und Spülstein sind original, der fast ebenerdige Herd von 2,90 × 3,50 Meter sowie das Kopfsteinpflaster wurden nach Befund weitgehend ergänzt. Die Küchenausstattung stammt überwiegend aus dem 18./19. Jahrhundert.

Terrasse Ursprünglich war dies der Teil eines Zwingers. Das im 16. Jahrhundert errichtete Fachwerkgebäude – Dachansatz noch erkennbar – enthielt das »Kückenstübchen«. Das Renaissanceportal von 1623 stammt aus einem Bauernhaus.

»Vordergewölbe«, »Mittelgewölbe«, »Hintergewölbe« Die zur Küche gehörenden »drey Gewelbe« (= Speisekammern) liegen im »Kleinen Haus« **(10)**. Sie erhielten zur Gewährleistung der »Kühlschrankfunktion« nachträglich eingebaute Tonnen- bzw. Stichkappen-Tonnengewölbe. An der Außenwand befinden sich freigelegte Kellerfenster und Balkenlöcher eines Vorgängergebäudes. Die Ausstattung besteht aus kleinteiligem Küchen- und Haushaltsgerät aus

Der »Lange Keller« unter dem Südflügel gehört heute zu den gastronomisch genutzten Räumlichkeiten. Seine sauber geschlägelte Felswand bildet zugleich einen geologischen »Aufschluss«, der eine ausgeprägte »Verwerfung« der Schieferschichten zeigt.

dem 18./19. Jahrhundert und einer Wäschemangel aus dem 18. Jahrhundert.

»Langer Keller« Auf dem Treppenabsatz sieht man an der vom Putz freigelegten Außenwand das Schiefermauerwerk in »Fischgrätenverband« (opus spicatum). Das aus dem Fels geschlagene, 41 Meter lange Kellersystem besteht aus vier tonnengewölbten Räumen. Der Felsen bildet zugleich einen geologischen Aufschluss. Die hölzernen Wasserleitungsrohre und Bohrer sind aus dem 18./19., die Grenzsteine aus dem 15. bis 18. Jahrhundert.

Zwinger Der sehr schmale Zwinger mit Zinnen und Spähloch zeigt zwei Bauphasen. Sie sind infolge des Materialwechsels von unten her (Sörnziger Weg) gut ablesbar. Den Turm bedeckt großflächig erhaltener Putz vom Ende des 14. Jahrhunderts.

Bürgerverlies Es liegt im Erdgeschoss der »Lichten Jupe«. Der ursprüngliche Zugang erfolgte in ca. zehn Meter Höhe über dem »Angstloch«. Der älteste Eigenname »der Röhrmeister« ist 1405/05 bezeugt, der jüngere »Lichte Jupe« (zu Joppe) bereits vor dem 16. Jahrhundert vom Verlies auf den ganzen Turm übertragen. Über 142 Stufen Aufstieg führen zum Aussichtsgeschoss, ein Drittel davon, die zehn Meter bis zur Höhe des Westwehrganges, sind Pflicht.

Westwehrgang Der 19 Meter lange Gang, genannt »die Wache«, ist seit 1586 durch das hohe Dach des anschließenden Gebäudes weitgehend überbaut.

Nordwehrgang Der Dachstuhl von 1588 hat eine Länge von 41 Metern. Einer der letzten östlichen Pfosten zeigt den Streifschuss einer Kanonenkugel der Belagerungen von 1645. Gute Aus- und Durchblicke bieten sich z. B. auf die

Nordwehrgang in Richtung »Finstere Jupe«. Der Turm zeigt großflächig erhaltenen Außenputz, Ende 14. Jahrhundert, Einschläge der Kanonenkugeln von 1645, den Giebelabdruck der 1990/91 abgebrochenen Untersuchungshaftanstalt von 1852 sowie den alten Hocheingang. Zustand 1995

konservierten Kanonenkugeleinschläge der »Finsteren Jupe« von 1645.

Folterkammer

Der Raum (»Martercammer«) war ursprünglich über eine Freitreppe vom Hof her zugänglich. Über das »Angstloch« im Fußboden wurden die Gefangenen am Seil in das fast 14 Meter tiefe Verlies der »Finsteren Jupe« (11) hinab gelassen. Die Sohle liegt knapp acht Meter unter dem Hofniveau. Der von den Lichtverhältnissen des Verlieses abgeleitete Name »finstere« Jupe besagt, dass die Sohle des Verlieses – Sonnenschein vorausgesetzt – für den von oben Hineinschauenden nur gegen 15.30 Uhr für maximal 30 Minuten beleuchtet ist. Hand- und Fußschellen sowie anderes Foltergerät aus dem 18./19. Jahrhundert können besichtigt werden. Zurück zur »Lichten Jupe«. Hier steht die Entscheidung, doch noch hinauf zum Aussichtsgeschoss oder zurück zum Eingangsraum.

Die Ekkehardinger

Die ersten konkreten Nachrichten über Rochlitz, z.B. dass die Burg zu Beginn des 11. Jahrhunderts den Ekkehardingern gehörte, erfahren wir aus der Chronik des Bischofs und Geschichtsschreibers Thietmar von Merseburg. Für den streitbaren Bischof war das Fürstengeschlecht der Ekkehardinger besonders wichtig. Es stellte den königlichen Markgrafen für die Mark Meißen und war zugleich sein mächtigster Nachbar.

Anfang Mai des Jahres 1018 trat Bischof Thietmar, ein Niedersachse aus dem Hause der Grafen von Walbeck, eine Reise an, die ihn erstmals in seiner neunjährigen Amtszeit in den äußersten Osten seiner Diözese führte. Über Kohren, wo er in seinem Hof übernachtete, erreichte er Rochlitz (Rochelinti), das Ziel der Reise.

Der Ort war Mittelpunkt eines gleichnamigen Burgwards, der sich an der Wildlandgrenze des Miriquidu zu beiden Seiten der Zwickauer Mulde erstreckte. Hier

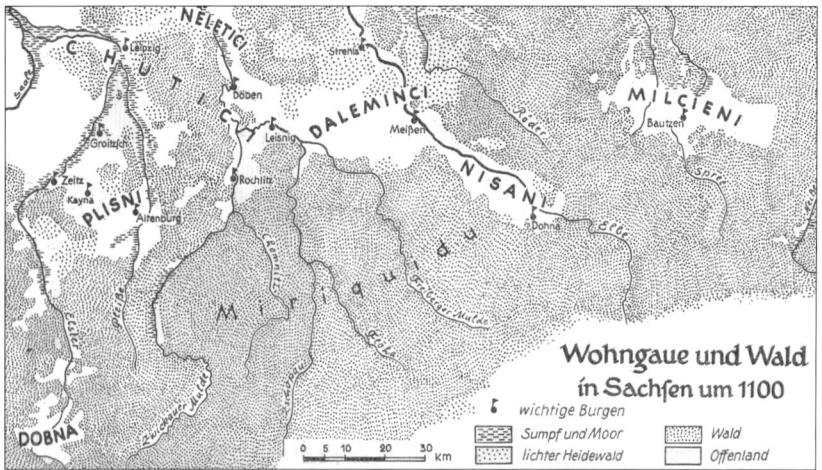

Das Siedlungsbild um 1100 (nach Schlesinger), dünn besiedelte Wohngaue inmitten riesiger Wälder

Ekkehardinger und Salier

Die Ekkehardinger

kreuzten in Sichtweite der Burg zwei überregionale Fernwege den Rochlitzer Talkessel, der eine, von Halle (»Salzstraße«) kommend, querte an der Zassnitzer Furt den Fluss und führte als »böhmischer Steig« (1174: boemica semita) über Zschopau und Zöblitz nach Prag. Er wird von Bischof Arn von Würzburg, der im Flussgebiet der Chemnitz südlich von Rochlitz den Tod fand, 892 indirekt erwähnt. Der zweite Fernweg kam von Altenburg, querte in Verlängerung des Rochlitzer Straßenmarktes an der Stöbniger Furt den Fluss und führte nach Meißen. Dem Ort inmitten der großen siedlungsgünstigen Talweitung verdanken die Burg, die Landschaft und die spätere Stadt ihren Namen. Er muss bereits in slawischer Zeit größere politische Bedeutung besessen haben.

Thietmars Bistum Merseburg war 981 von Kaiser Otto II. aufgelöst und das Diözesangebiet auf die Bistümer Halberstadt, Zeitz, Magdeburg und Meißen verteilt worden. Bei der 1004 erfolgten Wiederherstellung hatte wohl nur Zeitz seinen Anteil vollständig zurückgegeben. So war auch der östliche Teil des Burgwards Rochlitz bei Meißen geblieben. Seitdem bildete die Zwickauer Mulde die Grenze zwischen den Bistümern Merseburg und Meißen. Von Rochlitz aus konnte Thietmar auf der jenseitigen Anhöhe die vielleicht schon damals bestehende Kirche von Seelitz sehen, die zur geistlichen Versorgung des meißnischen Teils erforderlich wurde. Bischof Thietmar hatte in Rochlitz »gefirmelt«, wie er selbst in seiner Chronik berichtet. Das setzt die Existenz der Petrikirche voraus, die in der östlichen Vorburg der Reichsburg Rochlitz als Burgwardkirche für den gesamten Rochlitzgau errichtet worden war. Ihre Gründung reicht zurück in die Zeit vor 981, dem Jahr der zeitweiligen Auflösung des Bistums. Sie war damals nur ein bescheidenes, dem Apostelfürsten Petrus geweihtes Holzkirchlein.

Den Bischof führten keine geistlichen Pflichten nach Rochlitz, sondern heftige Händel mit den Ekkehardingern, den Eigentümern des Burgwards. Der Stammsitz dieser thüringischen Familie lag in Großjena am Einfluss der Unstrut in die Saale. Im Streit um den Forst Zwenkau hatte sich Thietmar mit Hilfe einer gefälschten Urkunde gegen seine mächtigen Nachbarn durchgesetzt. Seitdem kam es unaufhörlich zu gewaltsamen Übergriffen. Die jüngste Gewalttat, das Aufstellen von Jagdnetzen, die das Wechseln des Wildes aus ihrem Rochlitzgau ins bischöfliche Gebiet verhinderten, war ein Verstoß gegen die Forstbannrechte des Hochstiftes und der Anlass für die Reise Thietmars nach Rochlitz. Er berichtete, die eigentlichen Verantwortlichen seien »der junge und daher noch unreife Ekkehard« sowie dessen Ratgeber und Gefolgsmann Budislaw gewesen.

Wann die Ekkehardinger in den Besitz der Reichsburg Rochlitz gelangt waren, lässt sich nicht ermitteln, vermutlich unter Ekkehard I. zwischen 985 und 1002. Als Bezugspunkt einer Grenzbeschreibung erscheint der Name Rochlitz (Rochelinze) erstmals in einer Urkunde Ottos III. vom 6. Dezember 995. Gemeint ist der sorbische Kleingau Rochlitz. Es ist die erste indirekte Erwähnung des Ortes und seiner Burg, dem militärischen, administrativen und kirchlichen Zentrum des Rochlitzgaues. Markgraf Ekkehard I. war ein kriegskundiger Mann, der dem Kaiser 998 die Engelsburg in Rom durch eine regelrechte Belagerung mit Maschinen, Türmen und Leitern eroberte. Er verstand es auch, unterstützt durch Familienverbindungen, ein gutes Verhältnis zum expansiven Polen unter Herzog Boleslaw Chrobry (992-1025) herzustellen. Als Freund und unentbehrlicher Anhänger Ottos III. konnte er es ungestraft wagen, den besiegten Herzog Boleslaw III. von Böhmen (999-1002/03) zu einer Lehnshuldigung zu zwingen, d.h. aus einem Vasallen einen Aftervasallen des Reiches zu machen. Um die gleiche Zeit hatte er sich – angeblich durch eine allgemeine Volksentscheidung – zum Volksherzog von Thüringen wählen lassen, ein in der

Monolithisches Kellerfenster im Bereich von Wohnturm II, 11. Jahrhundert

Geschichte des Reiches seit einem Jahrhundert unerhörter Vorgang. Nach dem Tode Ottos III. bewarb sich der ehrgeizige und ohne Zweifel fähige Mann, der sich auf Verwandtschaft mit dem Königshaus berufen konnte, als aussichtsreicher Kandidat um die deutsche Königskrone. Ekkehard war ein Ururenkel von Liudolf (gest. vor 412), dem älteren Bruder König Heinrichs II. Er wurde von persönlichen Gegnern und gleichzeitigen Anhängern der Gegenpartei auf der Wahlreise am 30. April 1002 im Harz ermordet.

Nach dem Recht des Seniorats, das den ältesten Vertreter der Familie begünstigte, erhielt die Mark Meißen der Bruder des Ermordeten, Graf Gunzelin (Günther) von Kuckenburg (bei Querfurt). Markgraf Gunzelin (1002–1009) war durch seine Frau, Tochter des sorbischen Fürsten Dobromir von der Oberlausitz und sächsische Gräfin, der Schwager des Herzogs Boleslaw Chrobry von Polen. Das gespannte Verhältnis des Markgrafen zu Hermann und Ekkehard II., den Söhnen seines ermordeten Bruders, eskalierte 1009. Statt gegen Polen zu rüsten,

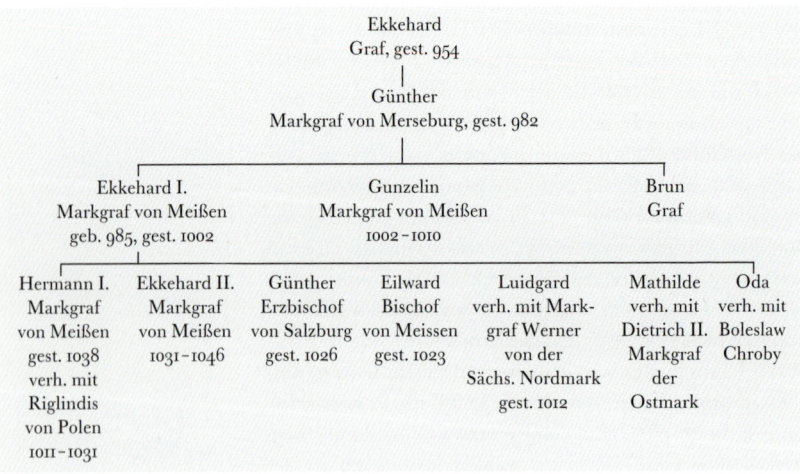

wandte sich Gunzelin gegen seine Neffen, berannte erfolglos die Burg Strehla und ließ die durch einen Handstreich überrumpelte Burg Rochlitz niederbrennen. Im Gegenzug eroberten und verbrannten ihm die Neffen die Altenburg bei Naumburg.

Diese hochverräterischen Vorgänge im grenznahen Hinterland des hart umkämpften Elbraumes – noch 1017 streiften die Polen bis zur Mulde – führte zur Absetzung und Verhaftung Gunzelins. Er kam erst nach achtjähriger Haft wieder frei. Die Nachfolge in der Mark Meißen fiel an seinen Neffen Hermann (1009–1032, gest. 1038), dann an dessen Bruder Ekkehard II. (1032–1046), der 1034 auch noch die Ostmark erhielt. Hermann war seit 1002/03 mit Reglindis von Polen verheiratet. Sie brachte ihm als Mitgift die Burg Strehla ein, die ihr Vater Boleslaw Chrobry 1002 erobert hatte. Der Bautzener Friede 1018 endete mit einem weiteren politischen Ehebündnis. Oda, die Schwester der beiden Ekkehardinger, wurde im Frühjahr 1018 in der Burg Zützen bei Luckau einer polnischen Gesandtschaft als vierte Frau für den Herzog Boleslaw Chrobry übergeben, der sich 1024 selbst zum König von Polen krönte.

Hermann und Ekkehard II. waren Vertraute Konrads II. und Heinrichs III. Sie nahmen als einzige weltliche Fürsten, die mit Konrad nach Italien gekommen waren, 1027 an dessen Kaiserkrönung in Rom teil. Als bevorzugte Ratgeber der beiden ersten Salier erfüllten sie Aufgaben, die weit über die Sicherung der Ostgrenze des Reiches hinausgingen. Das Verhältnis Ekkehards II. zu Heinrich III. war noch enger, »fidelissimus fidelis noster Ekkehardus marchio« bezeichnete ihn eine Urkunde. Er war einer, dem der Herrscher nichts verwehren könne. Die Einsetzung Heinrichs III. zum Erben Ekkehards II. und die Teilnahme des Königs an dessen Begräbnis 1046 markieren mehr als nur den Schlusspunkt einer persönlichen Freundschaft.

Markgraf Ekkehard I. und Markgräfin Uta von Meißen. Sandsteinskulpturen im Naumburger Dom, 1250/70

Nach vorangegangenen Bemühungen um eine ehrenvolle Grablege im Merseburger Dom, die an der ablehnenden Haltung Thietmars von Merseburg und seines Nachfolgers scheiterten, gründeten die Brüder in der Vorburg der Naumburg (»neue Burg«) ein Kanonikerstift und übertrugen hierher die in der Abteikirche der Burg Großjena beigesetzten Gebeine ihrer Eltern samt aller Vorfahren. 1028 erreichten sie die Zustimmung von Kaiser und Papst zur Verlegung des Bischofssitzes von Zeitz in die Hauptburg der Naumburg und die Erhebung ihres Stiftes zur Kathedralkirche. Das war eine wichtige Maßnahme, die dem ewigen Gedächtnis an Ekkehard I. und seinen würdelosen Mord dienen sollte. Markgraf Hermann trat selbst in den geistlichen Stand und starb 1038 als Kanonikus seines Domes. Der ungewöhnliche Akt der Verlegung eines Bischofssitzes vom Zeitzer Reichsland auf ein adliges Eigengut bezeugt die außergewöhnliche Stellung, die sich die Ekkehardinger errungen hatten.

Im Streit des Domkapitels mit dem in Zeitz zurückgebliebenen Kollegiatsstift um das Kathedralrecht haben ihnen die Nachfahren in den fiktiven, mindestens drei Generationen umfassenden »Stifterfiguren« des Naumburger Westchores eine Würdigung von fast zeitloser Geltung geschaffen. Die beiden Paare Ekkehard und Uta, Hermann und Reglindis stehen an hervorgehobenster Stelle im Chor und beherrschen den Stifterzyklus, ein Zeichen, dass dem Meister ihre historische Bedeutung noch 200 Jahre nach ihrem Tode deutlich gemacht worden ist. Er hat in der Gestalt des Ekkehard offenbar Vater und Sohn zu einer Person verschmolzen, denn der jüngere Ekkehard ist im Vergleich mit seinem Bruder Hermann als der ganz wesentlich ältere dargestellt. Auch in einem Denkmal ganz anderer Art, dem um 1200 entstandenen Nibelungenlied, ist die Erinnerung an den Markgrafen Ekkehard nach zwei Jahrhunderten noch so lebendig, dass ihn der Autor in das Geschehen einbeziehen kann.

In den Machtkämpfen der drei expansiven, noch im Entstehen begriffenen nationalen Herrschaftsgewalten der Deutschen, Polen und Tschechen um den Raum zwischen Elbe und Oder kam den Ekkehardingern eine ganz besondere Bedeutung zu. Als 1031 im Frieden von Bautzen, rund 100 Jahre nach der ersten Eroberung, die Entscheidung endgültig zugunsten der Deutschen fiel, hatten sie über zwei Generationen hinweg Wesentliches dazu beigetragen.

Ein Aufenthalt der Ekkehardinger in Rochlitz lässt sich nur für Ekkehard II. erschließen. Für Ekkehard I., Gunzelin und Hermann kann er angenommen werden. Das will aber bei dem großen zeitlichen Abstand und der Zufälligkeit der Quellen nicht viel besagen. Die Fürsten kannten keine festen Residenzen, bestenfalls bevorzugte Aufenthaltsorte. Die mittelalterliche »Reiseregierung« erforderte bei dem damaligen Stand der Wirtschaft, der Verwaltung und dem Zustand der Verkehrswege immer in gewissen Abständen die Anwesenheit der Herrschenden. Es war viel praktischer, wenn sie mit ihrem Hof von Herrschaftszentrum zu Herrschaftszentrum reisend das überwiegend aus Naturalien bestehende Steueraufkommen einer Region an Ort und Stelle aufzehrten, statt dieses über weite Strecken an einen bestimmten Ort transportieren zu lassen.

König Heinrich III. und Königin Agnes

Im Juli 1046 weilte König Heinrich III. (1017/1039-1056) mit seinem Hof in Rochlitz. Als Erben des Markgrafen Ekkehard II. von Meißen und der Ostmark war ihm neben anderem Eigentum des Verstorbenen auch der Burgward Rochlitz zugefallen.

Nach kinderloser Ehe mit der Askanierin Uta von Ballenstedt hatte Ekkehard den König zum Erben und Testamentsvollstrecker eingesetzt. Heinrich III. war zugleich ein Seitenverwandter von Ekkehards Frau Uta, denn ihr Bruder, Graf Esico von Ballenstedt, hatte die Schwester von Heinrichs III. Mutter Gisela geheiratet. Über die Erbschaft waren weit reichende Absprachen getroffen worden. Dazu gehörte, dass Ekkehards Neffe, der Wettiner Dedi, Graf von Behna, die Ostmark und die Niederlausitz erhalten sollte. Sein Vater Dietrich, der bereits die Markgrafschaft verwaltet hatte, war 1034 durch Ekkehards Mannen im Bett ermordet worden. Die Erbabsprachen legten fest, dass das Eigengut Ekkehards nicht, wie ursprünglich vorgesehen, zur Abrundung des Hochstiftes Naumburg, sondern vor allem zur Dotation der Königin Agnes, Heinrichs zweiter Frau, verwendet werden sollte. Darüber hinaus nahm der König dafür auch Reichskirchengut in Anspruch, betroffen waren offenbar die Domkapitel von Magdeburg, Meißen und Naumburg.

Von Goslar aus, wo der König das Weihnachtsfest gefeiert hatte, war Heinrich III. mit seinem Hof Ende Januar 1046 nach Naumburg aufgebrochen, um am Begräbnis des Markgrafen teilzunehmen. Kurz darauf nutzte der König die im Juni 1046 unternommene Reise zu den Hoftagen von Merseburg und Meißen zur Klärung der Erbschaftsangelegenheiten sowie zur Einweisung der Königin in ihr Dotalgut. Die dabei berührten Orte Gernrode, Ballenstedt, Kölbigk, Merseburg, Meißen, Rochlitz, Naumburg, Burgscheidungen, Fritzlar und Wehrheim standen fast alle in einer Beziehung zu ihrer Ausstattung. Auf dem Rückweg von Meißen nahm der Hof seinen Weg über Rochlitz. Hier wurden Agnes am 8. Juli drei Urkunden über ihr Leibgedinge ausgestellt. Die betreffenden Güter lagen »in burchwardo Rochidez et Lisnich et in burchwardo Grobi et Bolechina et in burchwardo Cholidistcha«. In heutiger Lesart: Rochlitz, Leisnig, Döben bei Grimma, Polkenberg bei Leisnig und Colditz.

Kaiser Heinrich III. und seine Gemahlin Agnes von Poitau, Tochter des Herzogs von Aquitanien. Aus: Liber aureus. Stadtmuseum Regensburg

Eine Besitzübertragung war ein komplizierter Rechtsakt. Es gab zwei Arten: Die ältere, investura realis, erfolgte auf dem Grundstück selbst. In Gegenwart von Zeugen und mittels bestimmter Rechtsgebärden ließ der Veräußerer den Besitz auf den Nachfolger übergehen, gleichzeitig wurde der Erwerber in seinen Besitz eingewiesen. Die jüngere Form der Grundstücksübertragung war die ortsunabhängige symbolische Investitur, der häufig die Urkundenausstellung folgte. Zur Sicherheit für das Leibgedinge der Königin wählte Heinrich offenbar die doppelte rechtliche Absicherung. Vermutlich begab sich das Herrscherpaar an den Gerichtsort des Burgwards Rochlitz auf dem Petrikirchhof in der östlichen Vorburg, dem bis ins 16. Jahrhundert üblichen Dingplatz des Rochlitzer Landgerichtes, wo die verschiedenen Rechtsakte erfolgten. Zuerst musste sich der König von den bisher markgräflichen und nunmehr königlichen Gefolgsleuten als Erbe in seinen Besitz einweisen lassen, um diesen dann seiner Frau übertragen zu können. Den beiden Rechtsakten dürfte die Erbhuldigung gefolgt sein. Anschließend wurden der Königin über die erfolgte Dotation drei Urkunden ausgestellt. Zwei betrafen den ehemals ekkehardingischen Besitz. In der wichtigsten fasste Heinrich III. die Burgwarde Rochlitz, Colditz, Döben, Leisnig und Polkenberg als Reichsgutkomplex mit dem Zentrum Rochlitz zusammen und übertrug ihn der Königin. Die dritte Urkunde, bereits 1043 entworfen, bezog sich auf Liegen-

Reliefstatuette der Kaiserin Agnes. Regensburg, Ende 11. Jahrhundert, Vorder- und Rückseite. Inschrift:
AGN[ES]
IMP[E]RATRIX
AUG[USTA]

schaften in Hessen. Tatsächlich lässt sich Agnes im Besitz des Rochlitzgaus nachweisen. Im Juli 1064 schenkte sie dem Petersstift in Goslar den neunten Teil des Honigzehnten der Burgwarde Altenburg, Rochlitz und Kayna bei Zeitz für ihr und ihres Mannes Seelenheil.

Der Hof reiste von Rochlitz aus in großer Gemächlichkeit nach Fritzlar, wo er nach dreieinhalb Wochen eintraf. Dem König war an einer raschen Abwicklung der ekkehardingischen Erbschaft gelegen, denn es zog ihn zur Kaiserkrönung nach Rom. Im Hinblick auf die Gefährlichkeit der Reise – auf der vorhergehenden Romfahrt war Königin Gunhild nach knapp zweijähriger Ehe gestorben – sorgte er vor allem für die finanzielle Absicherung der Königin. Im September trat das Herrscherpaar die Reise an. Am 25. Dezember 1046 erfolgte in der Peterskirche in Rom die Kaiserkrönung. Heinrich III. hatte die Kirchenreform tatkräftig unterstützt, nicht ahnend, dass er damit die Grundlagen der Königsmacht untergrub. Der Wind, den er säte, sollte zum Orkan werden, gegen den noch sein Enkel zu kämpfen hatte.

Als der Kaiser nach siebzehnjähriger Regierungszeit 1056 erst neununddreißigjährig in Bodfeld im Harz starb, war sein Nachfolger ein unmündiges Kind. Kaiserin Agnes übernahm die Regentschaft für ihren knapp sechsjährigen Sohn. Nach dessen Regierungsantritt lebte sie als geweihte Witwe in asketischer Lebensführung und aktivem Dienst für die Reformpäpste und die Kirchenreform bis zu ihrem Tode 1077 in Rom. Die Zeitgenossen, die sich in erster Linie als Mitglieder einer bestimmten sozial, politisch und ökonomisch geprägten Gruppe verstanden, schätzten ihr Verhalten als eine geradezu unvorstellbare individuelle Entscheidung ein.

König Heinrich IV. und Königin Bertha

Auch Heinrich IV. (1050/1056-1106) weilte im Oktober 1068 mit seinem königlichen Hof und der jungen Gemahlin Bertha von Savoyen-Turin (gest. 1087) in Rochlitz. Wir wissen von diesem Aufenthalt, weil er in der Reichsburg Rochlitz am 28. Oktober 1068 eine Urkunde für das Hochstift Meißen ausstellte. Der achtzehnjährige König, von einem glänzenden Hoftag in Meißen kommend, traf hier außerdem eine wichtige reichspolitische Entscheidung. Er belehnte in Rochlitz seinen erst zweijährigen Vetter zweiten Grades, Ekbert II., mit der Markgrafschaft Meißen. Es war schon bemerkenswert, dass der verstorbene Markgraf Ekbert I. von Meißen (1067-1068), der beim Staatsstreich von Kaiserswerth im März 1062 dem zwölfjährigen König in den Rhein nachgesprungen war und ihn vor dem Ertrinken gerettet hatte, seinen Sohn zum Nachfolger bestimmen konnte und dieser die Mark auch tatsächlich erhielt. Die Belehnung eines Kleinkindes war ein bis dahin unerhörter Vorgang; die Erblichkeit der großen Reichslehen begann sich erst langsam durchzusetzen. Als Markgraf sollte Ekbert II. (1068-1089/90) später zu den hartnäckigsten Gegnern Heinrichs IV. gehören. Abgesetzt und geächtet, wurde er 1190 auf der Flucht erschlagen.

Heinrich IV. war bereits im fünften Lebensjahr verlobt worden. Seine ebenfalls im kindlichen Alter stehende Braut Bertha, eine Tochter des Markgrafen Otto von Savoyen und Turin, hatte man an den Kaiserhof gebracht, wo sie gemeinsam mit ihrem künftigen Gemahl erzogen wurde. Sie war für Kaiser Heinrich III. eine nicht unbedingt standesgemäße Schwiegertochter, aber ihre Familie kontrollierte die westlichen Alpenpässe und das war für die kaiserliche Herrschaft in Italien von großer Bedeutung. Als das Königspaar in Rochlitz weilte, trug sich Heinrich IV. bereits mit der Absicht, sich von seiner jungen Frau zu

Kaiser Heinrich IV. und seine Gemahlin Bertha von Savoyen-Turin. Aus: Liber aureus. Stadtmuseum Regensburg

trennen. Mit der Begründung, er sei unfähig, mit ihr die Ehe zu vollziehen, verlangte er nach dreijähriger Ehe die Scheidung. Das Ansinnen scheiterte am Widerstand der Fürsten und des Papstes. Bald darauf gebar ihm die Königin das erste von mehreren Kindern. Bertha wurde ihm in den Kämpfen gegen die deutsche Fürstenopposition und in den mehr als dreißigjährigen Wirren des Investiturstreites eine treue und gleichgesinnte Partnerin. Sie erlebte an seiner Seite noch den großen Triumph seines Lebens, die Kaiserkrönung Ostern 1084 durch »seinen« Gegenpapst und im Jahr darauf den Tod Gregors VII. einsam und von allen Anhängern verlassen im Exil.

Heinrich IV. widmete dem salischen Reichsgutkomplex Rochlitz eine gewisse Aufmerksamkeit, wie die Anwesenheit des königlichen Hofes 1068 auf der Burg beweist. Immerhin war er im Laufe des Investiturstreites mehrfach im Meißner Raum; er ist fünfmal in Merseburg, einmal in Halle, dreimal in Meißen und einmal in Rochlitz nachzuweisen. Die Bedeutung von Rochlitz ist nur im Rahmen der damaligen Siedlungsverhältnisse verständlich; es war das Zentrum einer weitgehend von Wald umschlossenen Siedlungskammer und politisch-administrativer Vorort von vier weiteren gleichartigen Siedlungsräumen. Erst nach dem Tode der Kaiserin Agnes (gest. 1077) konnte ihr Sohn neu über den Reichsgutkomplex Rochlitz verfügen. Kaiser Heinrich IV. schenkte einen Teil davon, nämlich die Burgwarde Grobi/Döben, Colditz, Leisnig und Polkenberg, 1084 dem Grafen Wiprecht von Groitzsch, während Rochlitz bis 1143 beim Reiche verblieb. Dieser Überlieferung steht eine Urkunde entgegen, der zufolge Heinrich IV. 1074 die Burg Rochlitz mit dem gleichnamigen Gau (castellum Rochedez cum adiacente pago similiter nominato) sowie den Burgward Leisnig mit Zubehör dem Bistum Naumburg geschenkt haben soll. Die Urkunde ist unecht, ihre Schrift stammt aus dem 12. Jahrhundert und die Bemerkung zu Leisnig ist falsch.

Die Angaben zu Rochlitz scheinen den tatsächlichen Verhältnissen zu entsprechen, jedenfalls ging die 1143 den Wettinern geschenkte provincia Rochelez trotz ihres allodialen Charakters an das Hochstift Naumburg als Lehen und in den ältesten Urkunden von Wechselburg spielen Naumburger Stiftsherren eine Rolle, die man dort überhaupt nicht erwarten sollte. Es ist auch bezeichnend, dass der Rochlitzer Wettiner Dietrich seine geistliche Laufbahn in dem zu Naumburg gehörigen Kollegiatsstift Zeitz begann.

Fraglich ist, ob Heinrich IV. 1074 über Rochlitz verfügen konnte. Unmöglich ist es nicht, seine Mutter, Kaiserin Agnes, lebte seit 1065 in Rom. Man wird also annehmen können, dass Rochlitz dem Bistum Naumburg geschenkt wurde. Trotz der Vergabe blieb die Verfügungsgewalt des Königs über die Reichsburg Rochlitz erhalten.

Aufenthaltsorte Heinrichs IV. im mitteldeutschen Raum bis zum Frühjahr 1076 (nach Seltmann)

Bischof von Naumburg war damals Eberhard (1045 bis 1078), der Kanzler Heinrichs IV., genannt Eppo, ein Niedersachse aus dem Hause der Grafen von Wippra. Er war einer der engsten Vertrauten des Königs, die ihn 1073 auf der abenteuerlichen Flucht aus der belagerten Harzburg quer über den Harz und das Eichsfeld nach Eschwege begleiteten. 1076 gehörte er zu den kaisertreuen Bischöfen, die auf der Wormser Synode Papst Gregor VII. für abgesetzt erklärten. Als die Fürsten die Alpenpässe gesperrt hatten und der König über Savoyen, das Herrschaftsgebiet seiner Schwiegermutter, auswich, zählte neben der Gemahlin Bertha, dem zweijährigen Söhnchen Konrad auch der Kanzler zur Begleitung, die dem König im strengen Winter 1076/77 über den Mont Cenis folgte und bei Canossa dem auf der Reise nach Deutschland befindlichen, völlig überraschten Papst begegnete. Hier beschwor der Kanzler die vom Papst geforderten Sicherheiten. Eppo darf als der eigentliche Regisseur des dramatischen Aktes von Canossa gelten, in dem ein fünfundzwanzigjähriger deutscher König den mehr als doppelt so alten Papst durch scheinbare Unterwerfung ausmanövrierte. Kanzler, Papst und König erlebten das Ende des Investiturstreites nicht mehr. Er wurde erst unter dem Sohn und Nachfolger durch einen Kompromiss beendet, der die deutschen Reichsbischöfe, die bisherigen Staatsbeamten, endgültig zu Dienern zweier Herren machte. In den wieder auflebenden Sachsenkämpfen verlor Eppo 1078 sein Bistum, während sich in Naumburg ein vom Gegenkönig Rudolf von Schwaben eingesetzter Wettiner behaupten konnte. Eppo wurde von Heinrich IV. mit der Verwaltung des königstreu gebliebenen Bistums Würzburg betraut. Sein Ende war tragisch. In der Nähe Würzburgs stürzte er im Mai 1079 vom Pferd und ertrank in einem Hochwasser führenden Bach. Die mögliche Vergabe von Rochlitz an das Hochstift Naumburg, die durch Eppos Bedeutung im Rahmen der Reichspolitik Heinrichs IV. eine gewisse

Blick in den östlichen Teil des Südflügels von Schloss Rochlitz. Hinter dem Kellerhaus verbergen sich die Reste von zwei Wohntürmen aus dem 12. Jahrhundert.

Stütze findet, würde die Ungereimtheiten in der älteren Besitzgeschichte verständlich machen. Die Schenkung wäre dann zugleich eine unfreundliche Maßnahme gegen den königsfeindlichen Bischof Werner von Merseburg gewesen, zu dessen Diözese Rochlitz gehörte. Er besorgte wenig später ein würdevolles Grabmal für Rudolf von Schwaben, den Gegenkönig des rebellierenden Hochadels, in dessen Umschrift es heißt »Er fiel für die Kirche«.

Die Aufenthalte des königlichen Hofes in Rochlitz setzten pfalzähnliche Bedingungen voraus. Es müssen zumutbare Gebäude und entsprechende wirtschaftliche Voraussetzungen vorhanden gewesen sein. Möglicherweise kann bereits mit Massivbauten gerechnet werden. Jüngste Erkenntnisse erhöhten den Verdacht, gewisse Mauerzüge der heutigen Baumasse könnten ins II. Jahrhundert zurückreichen. Mit Sicherheit lässt sich nur der Zugangsweg bestimmen, auf dem die Könige die Burg erreichten. Dieser älteste Burgweg führte von Norden her im Bereich des heutigen Mittelgrabens nach kurzem steilem Anstieg quer über den Felssporn zu einem Tor, etwa an der Stelle des späteren romanischen Torturmes. Die günstige Verkehrslage und die Aufenthalte der Könige lassen für den namengebenden Vorort zu Füßen der Burg Geldverkehr und Markt erwarten. Der am Nordsaum des Miriquidu gelegenen Reichsburg unterstand z. B. auch die Waldnutzung,

König Heinrich VI. und Königin Bertha

das bedeutete damals vor allem Nutzung des Wildreichtums. Weitab im Wald, südlich der späteren Stadt Chemnitz, saßen »Wolfsjäger«, die den Königshof Rochlitz mit Wildbret zu versorgen hatten.

Zahlenmäßig lässt sich ein Königsbesuch nur schwer eingrenzen. Die Schätzungen bewegen sich zwischen mindestens 300 bis etwa 1000, in extremen Situationen bis gegen 4000 Begleitpersonen. Das in seiner Stärke und Zusammensetzung von Station zu Station wechselnde Gefolge war persönlicher Schutz und Ehrengeleit zugleich. Die mittelalterliche »Reiseregierung« wurde »aus dem Sattel« heraus ausgeübt. Sie erforderte wegen der vorherrschenden Naturalwirtschaft und der begrenzten Leistungskraft der Wirtschaftshöfe einen ständigen Ortswechsel, ebenso waren persönliche Entscheidungen des Königs an den unterschiedlichsten Punkten des Landes vonnöten. Es hing alles an der Person des Königs. Die damit verbundenen Unbequemlichkeiten und die körperlichen Strapazen lassen sich heute kaum ermessen. Der Stauferkaiser Heinrich VI., so hat man an einem Beispiel ermittelt, legte im Jahre 1193 zu Pferde eine Strecke von über 4000 Kilometern zurück. In der Regel reisten die Königin und die Kinder mit. Das wird am Beispiel Heinrichs IV. besonders deutlich. Er war bereits als Kleinkind in Sachsen, Schwaben, Franken, Lothringen und Bayern gewesen. Die Unterbringung des reisenden Königshofes in der Reichsburg, dem zugehörigen Wirtschaftshof und dem kleinen Marktort bereitete gewiss Probleme. Immer waren wohl zusätzlich Zelte erforderlich. Die Oberaufsicht über den reisenden königlichen Haushalt unterstand der Königin. Sie war für das ewige Ein- und Auspacken und die ständige Verlegung des Hofes von Ort zu Ort mit all den technischen Problemen verantwortlich. Ihr unterstand die Dienerschaft und die königliche Selbstdarstellung, von den Teppichen bis zum Tafelgeschirr und den Staatsgeschenken, die empfangen und vergeben wurden.

Graf Dedo von Groitzsch und Rochlitz, Markgraf der Ostmark

Bei der Erbregelung, die Markgraf Konrad I. von Meißen 1156 für seine fünf Söhne traf, erhielt sein vierter Sohn Dedo V. (gest. 16. August 1190) die provincia Rochelez sowie die Vogtei über das Hochstift Zeitz-Naumburg. Rochlitz war ein 30 Dörfer umfassender Burgward, den man in den Randlagen bereits um 1100 durch die Gründung neuer Dörfer erweitert hatte. Vielleicht wird diese neue Qualität durch den Begriff provincia gefasst, den die Petersberger Chronik verwendet. Ein Menschenalter später, als der Siedlungsraum durch Rodung und Siedlung um ein Mehrfaches erweitert war, bezeichnen die Altzeller Annalen das Gebiet als Grafschaft Rochlitz (comitatum Rochelitz). 1350, anlässlich der Belehnung Markgraf Friedrichs III. durch Kaiser Karl IV. u. a. mit den Grafschaften Orlamünde, Groitzsch und Rochlitz wird »dy graveschaft zcu Rochelicz« erstmals urkundlich erwähnt. Etwa gleichzeitig erscheint Rochlitz 1349/50 im Lehnbuch der Markgrafen als districtus, als landesherrliches Amt.

Bereits 1144 war Dedo, Pflegesohn und Miterbe seiner Patentante Bertha, der Tochter Wiprechts des Älteren von Groitzsch und Witwe des Wettiners Dedo IV., die Burg Groitzsch zugefallen. Als Schwiegersohn des Grafen Wiprecht von Groitzsch hatte sich der Onkel, der 1124 auf der Rückreise von einer Pilgerfahrt nach Jerusalem jung gestorben war, ebenfalls Graf von Groitzsch genannt. Auch Dedo V. übernahm den geschichtsträchtigen Namen, der sich noch immer eines guten Rufes erfreute, hatte doch Wiprecht der Ältere eine herzoggleiche Stellung erringen können und als erster im Raum zwischen Saale und Elbe begonnen, eine Landesherrschaft aufzubauen. Freilich war Groitzsch seit dem Ableben des letzten Wiprechtingers Reichsburg geworden. Dedo besaß an der

In Anlehnung an den Namen »Roch«-litz nahm eine Burgmannenfamilie den Roch, eine Schachfigur, in ihr Wappen. Der erst seit dem 16. Jahrhundert im Schachspiel vom Turm verdrängte Roch war nach dem König der schrittstärkste Stein auf dem Schachbrett.
Frühe Formen des Roch von links nach rechts:
Tympanon der Dorfkirche Rochsburg, um 1180; Grabstein aus der Petrikirche Rochlitz, um 1280; Siegel des Heinrich von Königsfeld, 1329; Siegel des Heinrich von Rochlitz, 1381.

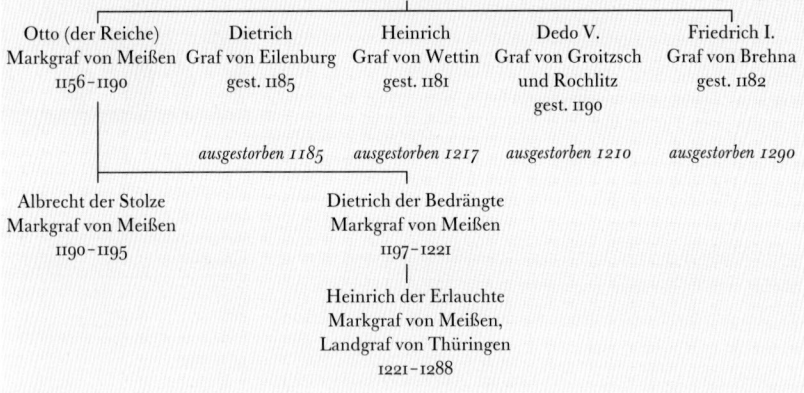

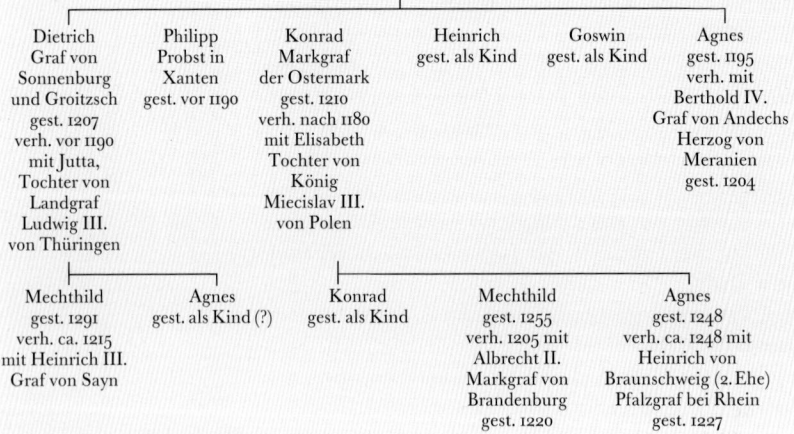

Stammtafeln

Burg nur einen Anteil unbekannter Größe. Er hat zweifellos in der Hauptburg residiert, aber ob sie ihm allein zustand, bleibt fraglich. Auch sein Anteil am Burgbezirk und den Eigengütern ist unbekannt. Als Hochvogt des Bistums Zeitz-Naumburg wird Dedo ein wichtiger Lehnsträger des Bischofs gewesen sein. Groitzsch und Rochlitz waren getrennte Herrschaftszentren. Das Gebiet dazwischen, der Raum um Borna und Bad Lausick, unterstand seit 1157 dem Reich.

Als Dedo 1156 die provincia Rochelez übernahm, muss er ziemlich konkrete Vorstellungen gehabt haben, wie er durch Rodung und Siedlung sein kleines, aber ausbaufähiges Herrschaftsgebiet erweitern könnte. Das war nichts Ungewöhnliches, handelte doch damals der Hochadel in ganz Deutschland nach dem Grundsatz »Herrschaft mehren durch Kolonisation«.

Grabplatte mit dem Roch aus der Schlosskapelle, 13. Jahrhundert

Im weiteren Familienkreis gab es genügend Vorbilder. Schon Dedos Großonkel Wiprecht von Groitzsch hatte in nächster Nähe großzügig gerodet. Auch Dedos Bruder, Markgraf Otto von Meißen, tat sich durch umsichtige Rodungen hervor, ebenso Dedos Bruder, Dietrich von der Ostmark. Er gründete 1165 als erster Reichsfürst mitten in der Lausitz, also weit im sorbenländischen Osten, das Kloster Doberlug und vor 1185 die Stadt Schilda. Auch Dedos Vetter, Erzbischof Wichmann von Magdeburg, ein großer Kirchenfürst und Staatsmann von Format, war ein vorbildlicher Kolonisator und Stadtgründer.

Wappenscheibe in der Schlosskapelle. Den Roch im Amtswappen gibt es seit dem 16. Jahrhundert.

Die Besiedlung des Rochlitzer Landes gilt geradezu als Musterbeispiel für die konzentrische Ausweitung eines Altsiedelraumes durch Rodung. Die durch systematischen Landesausbau entstandene Grafschaft Rochlitz lässt sich hinreichend genau umreißen. Sie umfasste im Norden Geithain und Mittweida – Geringswalde gehörte bereits zum Reichsland um Leisnig –, im Süden Rochsburg sowie im Südosten Auerswalde und Lichtenwalde. Da auch Zschopau in der Frühzeit Beziehungen zu Rochlitz besaß,

Graf Dedo von Groitzsch und Rochlitz

Dorfgründer aus »wilder Wurzel«: Grundherr bei der Übergabe des Leihebriefes an die Siedler. Nach einer Miniatur aus dem »Sachsenspiegel« des Eike von Repgow

muss mit seiner Zugehörigkeit gerechnet werden. Das würde bereits für die Siedlungszeit eine Gemengelage der Herrschaftsrechte bedeuten. Die längst zu Freibauern gewordenen Wolfsjäger, acht in »Alten«dorf und zwei in »Alt«chemnitz (Stadtteile von Chemnitz) unterstanden als Exklave noch bis ins 19. Jahrhundert dem Amt Rochlitz.

Den Höhepunkt der groß angelegten Siedlungsaktion bildete die Gründung des Augustiner-Chorherrenstiftes in Zschillen (Wechselburg), dessen Kirche, eine mit Pfarrrechten ausgestattete Kreuzbasilika, zur standesgemäßen Haus- und Grabkirche wurde. Kurz nach 1160 dürfte Dedo selbst den Grundstein gelegt haben, wie das damals schon üblich war. Architektur und Plastik, bestimmt von Einflüssen aus Niedersachsen, Burgund und Frankreich, verraten den verwöhnt-wählerischen Anspruch des fürstlichen Auftraggebers. 1168 erfolgte die erste Teilweihe; damals waren wohl Chor und Querhaus fertig gestellt. Nach einer vergleichsweise kurzen Bauzeit von etwa 15 Jahren konnten die Bauarbeiten an der Stiftskirche um 1175 abgeschlossen werden. Aus den Stiftungsurkunden erfahren wir, dass um 1170 die Rodung der großen Reihendörfer mit Waldhufenflur in vollem Gange war. Die Dörfer erzeugten nach wenigen Jahren eine weit über den Eigenbedarf hinausgehende Produktion, die nur in der Stadt abgesetzt werden konnte. Dorf und Stadt waren arbeitsteilig aufeinander angewiesen, ihre Gründung in einem Zuge konzipiert. Die Gründung der Stadt Rochlitz neben dem älteren Marktort dürfte noch in die Zeit Dedos zurückreichen. Für sie sollte nicht die »Salzstraße«, die alte böhmische Steig, auf dem das »weiße« Gold von Halle nach Prag befördert wurde, wichtig werden, sondern die West-Ost-Verbindung nach Meißen und Freiberg.

Die Gründung des Stiftes erfolgte nicht am alten Vorort Rochlitz, sondern dezentralisiert am Rande des Altsiedellandes mit Blick auf das Rodungsgebiet. Zum alten Zentrum um Rochlitz war ein neuer kirchlicher Mittelpunkt

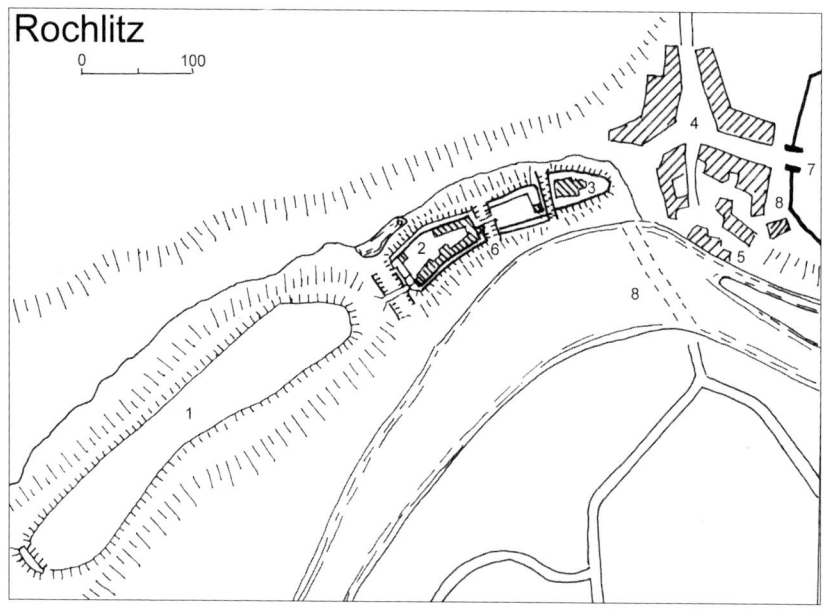

Rochlitz

0 ___ 100

1 obere Vorburg
2 Hauptburg (unterteilt)
3 untere Vorburg mit Petrikirche
4 frühe Marktsiedlung
5 Mühle
6 Hohes Haus
7 Gründungsstadt um 1200
8 Zaßnitzer Furt

hinzugekommen, den Dedo über die Bistumsgrenzen von Meißen und Merseburg hinweg zum Zentrum eines Archidiakonatbezirkes bestimmte. Neben der religiösen Funktion war das Stift aber auch ein politischer Stützpunkt, fester und sicherer als manche Burg. Dedos Herrschaftsempore in der Stiftskirche und die Architekturreste in Rochlitz sind deutliche Zeichen imperialer Architekturtradition.

In der Tat zählten Dedo und seine Brüder zu den eifrigen Gefolgsleuten Friedrichs I., Barbarossa. Zwischen 1161 und 1188 ist Dedo in wenigstens 45 Urkunden Barbarossas und 1190 in drei Diplomen Heinrichs VI. vertreten. Als

Rochlitz in salischer und altstaufischer Zeit

Schwager des Kanzlers und Erzbischofs Philipp von Köln, einem der großen Staatsmänner an der Seite Barbarossas, als enger Vertrauter des Kaisers und als redegewandter Sprecher der Fürsten war Dedo gewöhnt, nicht nur in taktischen, sondern in politischen Dimensionen zu denken. Das verdeutlichen die Vorgänge bei der Gründung des Chorherrenstiftes Zschillen im Bereich von zwei verschiedenen Diözesangewalten und sein rigoroses Vorgehen als Hochvogt des Bistums Naumburg und Vogt der Klöster Bosau und Riesa gegen die Anhänger des Papstes Alexander III. Dedo nahm an insgesamt fünf Reichsheerfahrten Friedrich Barbarossas teil, vor allem am zweiten und fünften Italienzug 1161/62 bzw. 1176/77, an dem er sich mit einem Kontingent von 40 (60) Mann beteiligte. Zu jedem Schwerbewaffneten, mit mindestens einem Ersatzpferd ausgestattet, müssen wohl, wie es später üblich war, ein bis zwei Leichtbewaffnete gerechnet werden. Am 22./24. Juli 1177 gehörte Dedo mit seinem Bruder Markgraf Dietrich von der Ostmark, seinem Schwager Erzbischof Philipp von Köln und seinem Vetter Erzbischof Wichmann von Magdeburg zu den zwölf Fürsten, die als Schwurzeugen des Kaisers vor Papst Alexander III. den Frieden von Venedig beschworen. Die Rechtskraft dieses nur protokollarisch festgehaltenen mündlichen Vertrages, der das seit 1159 währende Schisma beendete, beruhte ausschließlich auf der zeremoniellen Eidesleistung. Der Begriff Fürst erscheint hier noch im alten, geblütsrechtlichen Sinne. Definitiv war Dedo zu dieser Zeit noch kein Fürst. Als Angehöriger des Hochadels und Sohn eines Reichsfürsten war er Fürstengenoss und als Hochvogt Inhaber einer fürstengleichen Position. Dedo besaß nicht einmal ein offizielles Grafenamt, war vielmehr in Groitzsch und Rochlitz ein allodialer Graf, doch war der usurpierte Grafentitel bei den nachgeborenen Fürstensöhnen längst üblich geworden. Wenig später zählte zum Reichsfürstenstand nur, wer ein vom König übergebenes Fahnenlehen besaß.

1185 folgte Dedo seinem Bruder Dietrich (gest. 9. Februar 1185) als Markgraf der Ostmark. Voraussetzung für diese Entscheidung Barbarossas war sein Königsdienst gewesen. Zur Ostmark, die seit der Erbteilung 1156 um den Leipziger Raum verkleinert worden war, gehörte das Gebiet um Eilenburg, Delitzsch, Bitterfeld und die Niederlausitz sowie die Burg Landsberg bei Halle als Hauptresidenz. Als Seitenverwandter musste er dem Kaiser für die Belehnung 4000 Mark Silber (936 Kilo) zahlen. Im Erbfolgestreit der meißnischen Wettiner ergriffen Dedo und seine Söhne Partei für Albrecht den Stolzen, den ältesten Sohn Markgraf Ottos von Meißen. Dedos Sohn Konrad hielt 1189 auf der Reichsburg Döben (bei Grimma), an der die Wettiner einen Anteil besaßen und eigene Dienstmannen unterhielten, seinen Onkel Markgraf Otto gefangen, da dieser seinen jüngeren Sohn Dietrich in der Erbfolge begünstigen wollte. Im März 1190 begleitete Markgraf Dedo von der Ostmark als Senior des Hauses Wettin seinen Neffen nach Frankfurt am Main, wo Albrecht der Stolze durch König Heinrich VI. mit der Markgrafschaft Meißen belehnt wurde.

Am 16. August 1190 kam Dedo auf merkwürdige Weise zu Tode. Der etwa 40 Jahre nach dem Todesfall schreibende, insgesamt schlecht informierte Autor der Petersberger Chronik, der mit engem Gesichtskreis die Entwicklung seines Stiftes darlegt, überliefert dazu zwei Fakten, ohne sie miteinander zu verknüpfen. Er berichtet, Dedo sei sehr dick gewesen (quia crassus erat) und er sei am 16. August 1190 an einer Einschneidung in den Bauch gestorben (ventris incisione mortuus est). Die Ursache der »Einschneidung«, Verletzung durch Unfall oder – reichlich spekulativ – ein chirurgischer Eingriff, bleibt völlig offen. Daraus entstand dann die Sage, Dedo der »Feiste« – der Beiname erscheint erst im 16. Jahrhundert – habe sich das Fett aus dem Leibe schneiden lassen, um zur Kaiserkrönung Heinrichs VI. nach Italien ziehen zu können.

In der Hoffnung auf die heilswirksamen Gebete der Stiftsherren und das immerwährende liturgische Gedenken wurde Dedo an der Seite der 1189 verstorbenen Markgräfin in der Vierung vor dem Heiligkreuzaltar in seiner Stiftskirche in Wechselburg beigesetzt. Wer an derart bevorzugter Stelle begraben wurde, konnte sich des ewigen Heils fast sicher wähnen.

Das um 1230/35 entstandene Grabmal stellt Dedo als Stifter und Reichsfürsten mit Kirchenmodell, Schild, Schwert und Adlerfahne dar, die symbolisch bei der Belehnung mit einem Fürstentum übergeben wurde.

Die geschichtliche Bedeutung der Rochlitzer Linie der Wettiner lässt sich am besten an Dedos Kindern und Enkeln ablesen. Der älteste Sohn Dietrich studierte zeitweilig in Paris, wurde Stiftsherr in Zeitz und später Domherr in Magdeburg. Ihm stand in Erzbischof Wichmann von Magdeburg ein mächtiger Verwandter zur Seite. Als sich nach dem Sturz Heinrichs des Löwen die Aussicht auf eine größere Erbschaft eröffnete, trat Dietrich aus dem geistlichen Stand aus. Durch seine Großmutter Adelheid von Heinsberg, der Mutterschwester von Adalbert, dem letzten Pfalzgrafen von Sachsen aus dem Hause der Grafen von Sommerschenburg (gest. 1179), war er der nächste männliche Anwärter auf das umfangreiche Erbe der Sommerschenburger, das Heinrich der Löwe bedenkenlos kassiert hatte. Der Anspruch auf den größeren Teil des Erbes fiel über die einzige Schwester des Sommerschenburgers, Äbtissin Adelheid von Gandersheim und Quedlinburg, die ihr Recht gegen den Löwen nicht durchsetzen konnte, durch Kauf an Wichmann von Magdeburg. Das veranlasste den Erzbischof zum Anschluss an die Fürstenkoalition gegen Heinrich den Löwen, der auch Dedo und seine Brüder angehörten. An der Spitze der Gegner des Löwen stand Erzbischof Philipp von Köln.

Dietrich nannte sich Graf von Sommerschenburg. Er lässt sich mit Grafschaftsrechten um Sommerschenburg

rechts: Begräbnisstätte von Dedo V. und seiner Gemahlin Mechthild von Heinsberg. Neogotische Tumba mit den Reliefplatten des Stifterpaares in der Stiftskirche in Wechselburg, um 1230/35

und Seehausen (beide westlich von Magdeburg) nachweisen.

Dietrich, der aus dem väterlichen Erbe Groitzsch und Rochlitz erhalten hatte, ließ sich im Thronstreit zwischen Staufern und Welfen 1198 von König Philipp die Vogtei über das Reichskloster Pegau übertragen. Das war ein erster Schritt zur Verdrängung der Reichsministerialen aus der Burg Groitzsch. Gleichzeitig fiel das Gebiet zwischen Groitzsch und Rochlitz, das Reichsland um Borna und Bad Lausick, an die Wettiner. Dietrich starb am 13. Juni 1207 auf der Reise nach Würzburg und wurde in Wechselburg beigesetzt.

Philipp, der zweite Sohn, Patenkind des Erzbischofs Philipp von Köln (gest. 1191) und bis 1185 als Probst in Xanten nachweisbar, ist wohl noch vor 1190 gestorben. Der dritte Sohn, Konrad II., Markgraf der Ostmark und Hochvogt des Bistums Naumburg, residierte auf der Burg Landsberg mit der berühmten Doppelkapelle. Zu seinem Herrschaftsgebiet gehörte zeitweilig das Gebiet um Köpenick. 1209 urkundete er hier in der nach einem Brand wiederhergestellten Burg auf einem Feldzug gegen Lebus. Konrad II. vereinigte nach dem Tode seines Bruders Dietrich noch einmal den väterlichen Besitz in einer Hand. Er bevorzugte statt Groitzsch die Burg Rochlitz, verlehnte aber den südlichen Teil der Rochlitzer Grafschaft. Seine Frau Elisabeth, die 1209 starb und im Kloster Doberlug begraben wurde, war die Witwe Herzog Sobieslaws II. von Böhmen (gest. 1180) und die Tochter König Mieczyslaws III. von Polen (gest. 1202). Es war die bis dahin ranghöchste Heirat im Hause der Wettiner. Mit Konrad II. starb die Rochlitzer Linie der Wettiner am 6. Mai 1210 im Mannesstamm aus. Auch er wurde in der Stiftskirche in Wechselburg beigesetzt.

Auf der Burg Landsberg, vor dem Altar der Oberkapelle, belehnte der kaiserliche Truchsess Gunzelin 1210 Konrads Vetter, Markgraf Dietrich den Bedrängten, im

Auftrag Kaiser Ottos IV. mit der Ostmark. Als Seitenverwandter musste er dem Kaiser 15 000 Mark Silber für die Belehnung zahlen, wovon ihm jedoch 5000 Mark erlassen wurden. Die Differenz zwischen Dedos 4000 und den 10 000/15 000 Dietrichs des Bedrängten bezeichnet wohl die durch den Landesausbau erreichte Wertsteigerung. Von den beiden Töchtern Konrads II. heiratete Mechtild 1205 den Askanier Markgraf Albrecht II. von Brandenburg, einen Enkel Albrechts des Bären, und Agnes um 1209 einen Bruder Kaiser Ottos IV., Heinrich von Braunschweig, Pfalzgraf bei Rhein, der in erster Ehe mit Agnes von Staufen verheiratet gewesen war.

Dedo hatte seine einzige Tochter Agnes (gest. 1195) mit dem Sohn seines alten Waffengefährten und mächtigsten Mann Altbayerns, Berthold IV. von Andechs (gest. 1204), Markgraf von Istrien, Herzog von Meranien, Dalmatien und Kroatien verheiratet. Das weit verzweigte Herrschaftsgebiet des Hauses Andechs-Meranien erstreckte sich von Franken (Hof, Kulmbach, Bayreuth, Lichtenfels, Coburg) und Bayern über Tirol, Kärnten und Krain bis zur Adria. Durch seine Tochter Agnes wurde Dedo Großvater bemerkenswerter Enkel. Von den vier Mädchen wurde Hedwig als Gemahlin von Herzog Heinrich I. von Schlesien zur Gründerin des Klosters Trebnitz bei Breslau und spätere Landesheilige von Schlesien (gest. 1243, Heiligsprechung 1267); ihr Sohn Heinrich II. fiel 1241 in der Schlacht bei Liegnitz gegen die Mongolen. Agnes (gest. 1201) wurde 1196 die dritte Frau König Philipps II. August von Frankreich, obwohl dessen Ehe mit Ingeborg von Dänemark noch nicht rechtskräftig geschieden war. Gertrud (gest. 1213) heiratete um 1200 den ungarischen Prinzen und späteren König Andreas II. und wurde die Mutter der heiligen Elisabeth von Thüringen. Mechtild (gest. 1254), die jüngste, war Äbtissin im Kloster Kitzingen, wo ihre Nichte, die heilige Elisabeth, im Winter 1227/28 Zuflucht fand.

Das glänzende Fest 1208 in Bamberg, mit dem die Hochzeit Ottos, ihres ältesten Sohnes, mit einer Nichte des Königs begangen wurde, endete mit einer Katastrophe: dem ersten Königsmord der deutschen Geschichte. König Philipp starb durch die Hand seines Neffen und Ottos Brüder, Markgraf Heinrich von Istrien und Bischof Ekbert von Bamberg, waren der Mitwisserschaft verdächtig. Sie wurden drei Jahre später rehabilitiert, aber Heinrichs eingezogene Lehen waren verloren und konnten nur zum Teil wiedererlangt werden. Heinrich (gest. 1228) ist später als Mäzen und Minnesänger hervorgetreten. Ulrich von Lichtenstein lobt ihn als seinen Lehrmeister und Wohltäter. Bischof Ekbert von Bamberg (1175/1203-1237) und sein Bruder Berthold, Erzbischof von Kalocsa (1207-1218) und Patriarch von Aquileja (1218-1251), waren zuverlässige Staatsmänner und Diplomaten Kaiser Friedrichs II. Der Kaiser betraute sie im Januar 1236 mit der Überführung seines rebellischen Sohnes in die Gefangenschaft nach Italien. Der hochbegabte König Heinrich VII. hatte eine Alternative zur Politik seines Vaters gesucht. Nach siebenjähriger Haft ist er einunddreißigjährig in Apulien an den Folgen eines Selbstmordversuches gestorben. In Gegenwart des Kaisers nahm Bischof Ekbert am 1. Mai 1236 in Marburg an der Erhebung der Gebeine seiner Nichte Elisabeth von Thüringen teil. Es war die prunkvollste translatio, die es in der Geschichte der Kanonisationen bis dahin gegeben hatte. Die Elisabethkirche wurde in der Folgezeit zu einer der vier großen Wallfahrtsstätten der Christenheit.

Bischof Ekbert, dem Bauherrn des fast unverändert überkommenen Bamberger Domes, war die Weihe seines großen Werkes nicht mehr vergönnt. Er hielt sich als Vertreter Friedrichs II. in Wien auf und konnte krankheitshalber die Heimreise nicht mehr wagen. Er ist vier Wochen nach der Domweihe am 5. Juni 1237 in Wien als Statthalter von Österreich und der Steiermark gestorben.

Pfalzgraf Friedrich von Sachsen, später Friedrich der Freidige (= der Kühne), der Gebissene, Landgraf von Thüringen und Markgraf von Meißen

Heinrich der Erlauchte, Markgraf von Meißen. Sandsteinrelief, Georgenkirche Eisenach

Pfalzgraf Friedrich von Sachsen (1257-16. November 1323 auf der Wartburg) gewährte seinem Großvater Heinrich dem Erlauchten, der sich augenblicklich in einer misslichen Lage befand, militärische Hilfe und ein Darlehen von 1975 Mark Silber, das wahrscheinlich aus der Mitgift seiner Frau stammte. Als Sicherheit für das Darlehen, das nie zurückgezahlt wurde, erhielt er am 7. September 1286 die Vogtei Rochlitz mit den Städten Rochlitz, Geithain, Mittweida sowie weitere sechs Pfandobjekte (Döbeln, Rosswein, Oederan, Lommatzsch, Waldheim und Zschopau).

Noch 1286 verlegte Friedrich seine Residenz von Eisenberg nach Rochlitz. Diese Residenzfunktion der Burg währte bis August 1291.

Friedrich hatte sich Anfang Juni 1285 in Wien mit Agnes von Tirol verlobt. Die Hochzeit folgte wohl Anfang 1286. Ihr Vater, Markgraf Meinhard von Kärnten, Graf von Görz und Tirol, hatte seine älteste Tochter Elisabeth, die später nach dem Tode ihres Bruders, König Heinrich von Böhmen, zur »Erbtochter« wurde, mit dem ältesten Sohn König Rudolfs von Habsburg verheiratet. Herzog Albrecht I. von Österreich, der spätere König, war damit Friedrichs Schwager.

Sein Vater war Landgraf Albrecht von Thüringen, der ältere Sohn Heinrichs des Erlauchten, der bereits von den Zeitgenossen »der Unartige« genannt wurde, und seine Mutter die Kaisertochter Margarethe aus der Ehe Friedrichs II. mit der englischen Königstochter Isabella Plan-

Albrecht II., der Entartete, Markgraf von Meißen, Landgraf von Thüringen, und seine Gemahlin Margarethe von Hohenstaufen. Wandgemälde von Anton Dietrich in der Albrechtsburg Meißen, um 1880

tagenet. Als Albrecht der Entartete seine Frau mit einem Hoffräulein ministerialischen Standes betrog, floh Margarethe im Juni 1270 heimlich von der Wartburg. Sie starb zwei Monate später in Frankfurt am Main. An die Flucht der dreiunddreißigjährigen knüpft sich die sagenhafte Überlieferung, sie habe im Abschiedsschmerz ihren dreizehnjährigen Sohn Friedrich in die Wange gebissen.

Der verschwenderisch wirtschaftende Landgraf Albrecht musste 1281 seinem inzwischen vierundzwanzigjährigen Sohn Friedrich ein selbstständiges Herrschaftsgebiet zugestehen: die mit der Landgrafschaft Thüringen seit 1190 in Personalunion verbundene Pfalzgrafschaft Sachsen.

Damit war das wettinische Herrschaftsgebiet noch zu Lebzeiten Heinrichs des Erlauchten in verschieden große Teile unter fünf gleichzeitig regierende Wettiner aufgeteilt. Die ohnehin nicht große, aber reichslehnbare Pfalzgrafschaft Sachsen war unter Albrecht durch Verkauf einiger Distrikte derart verkleinert worden, dass sie eigentlich nur noch aus der Wasserburg Lauchstädt und dem zugehörigen Gebiet bestand. Gleichzeitig oder wenig später hatte ihm der Vater noch die Vogtei Eisenberg, mit Burg, Stadt und Münze zugestanden.

Dieser Kaiserenkel Friedrich war nach dem Tode des letzten Staufers Konradin zeitweilig Träger staufischer Hoffnungen gewesen. Eine italienische Gesandtschaft hatte 1268 dem elfjährigen die Krone angeboten. Seine Mutter Margarethe war einverstanden gewesen, auch ihr Halbbruder König Enzio (nach den Worten Friedrichs II. »in Wuchs und Antlitz Unser Ebenbild«) hatte aus seinem noblen Gefängnis im Palazzo del Podesta von Bologna seine Zustimmung gegeben.

Schon wurde er »Friedrich von Staufen« genannt und in einer Urkunde von 1269 sogar »Friedrich III., König von Jerusalem und Sizilien, Herzog von Schwaben«, aber der bereits geplante Italienzug musste ausfallen. Landgraf

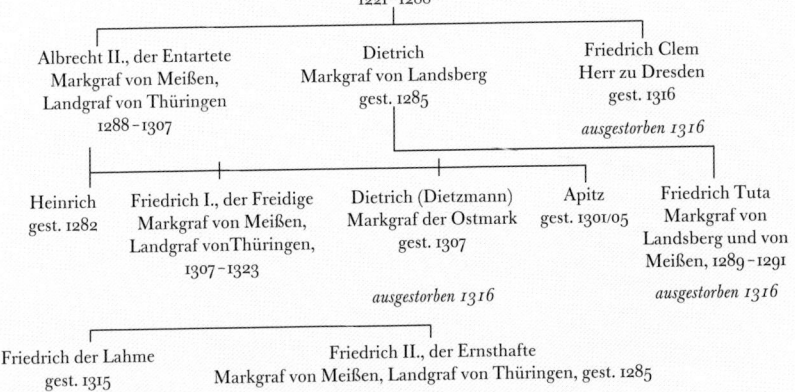

Die Wettiner vom 13. bis 14. Jahrhundert

Albrecht versagte vollständig, er befehdete gerade seinen Vater. Die Kyffhäusersage, dieser Traum vom wiederkehrenden Kaiser Friedrich, bezog sich ursprünglich nicht auf Friedrich Barbarossa, sondern auf diesen wettinischen Kaiserenkel Friedrich, der auch bei den Königswahlen 1271 und 1273 nochmals im Gespräch war. Aber es wurde nichts unternommen, es wäre auch vergebliches Blutvergießen gewesen.

Pfalzgraf Friedrich, der im Kampf um das Erbe seines 1288 nach 58 Regierungsjahren verstorbenen Großvaters leer ausgegangen war, trotz der seit 1285 vom Vater versprochenen Mitregentschaft in Thüringen, führte Ende Dezember seinen leichtsinnigen und gewissenlosen Vater Albrecht, der den thüringischen Besitz verschleudert hatte, als Gefangenen von Eisenach nach Rochlitz. Um seine Freiheit wiederzuerlangen, musste sich Albrecht der Entartete im Vertrag zu Rochlitz (1. Januar 1289) zur Wahrung des Erbrechts verpflichten und seinem Sohn Friedrich einen Anteil an Freiberg und den Bergwerken

Pfalzgraf Friedrich von Sachsen

Friedrich I., der Freidige, und seine Gemahlin Agnes von Kärnten. Wandgemälde von Anton Dietrich in der Albrechtsburg Meißen, um 1880

gewähren. Als Pfand für die Einhaltung des Vertrages erhielt Friedrich Altenburg und einige andere Städte ausgeliefert. (Am 1. Februar 1289 urkundete Albrecht bereits mit ausdrücklicher Zustimmung und in Gegenwart seiner Söhne wieder auf der Wartburg.) Er hielt sich jedoch weder an den Rochlitzer noch den Eisenacher Vertrag (5. August 1290), der ihn verpflichtete, ohne Zustimmung der Söhne keine Besitzungen zu verkaufen, zu verpfänden oder zu verleihen.

Im Februar 1290 sah sich Friedrich gezwungen, die Burg Lauchstädt, die er 1285 seiner Gemahlin Agnes als Morgengabe überlassen hatte, als letzten Rest der Pfalzgrafschaft für 1400 Mark Silber an Brandenburg zu verpfänden. Ihm blieb nur der Titel, den er 1298 ablegte. Das Jahr brachte für die Wettiner zwei weitere Tiefpunkte. König Rudolf von Habsburg (1273–1291) löste das Pleißenland ein, das die Kaisertochter Margarethe als Pfand für die ausgebliebene Mitgift eingebracht hatte, gleichzeitig zog er den Besitz der 1290 ausgestorbenen wettinischen Nebenlinie der Grafen von Brehna ein und belehnte damit seinen Enkel. Die Existenzkrise der Wettiner war so offensichtlich, dass sie keinen Schritt gegen diese lehnsrechtlich formal korrekte Verfügung unternahmen.

Nach dem plötzlichen Tod des söhnelosen zweiundzwanzigjährigen Markgrafen Friedrich Tuta (16. August 1291) fiel die Markgrafschaft Meißen an seinen Vetter Friedrich, doch der neue König Adolf von Nassau (1292 bis 1298) erkannte diese wettinische Landesteilung nicht an, sondern betrachtete die Markgrafschaft Meißen als heimgefallenes Lehen.

1294 verkaufte der immer geldbedürftige Albrecht der Entartete ohne Rücksicht auf das Erbrecht der Söhne die Landgrafschaft Thüringen an König Adolf – wobei der Besitzerwechsel erst nach seinem Tod eintreten sollte – und stürzte damit das Land ins Unglück. Trotz energischen Widerstandes blieb der König in zwei Feldzügen siegreich.

Auch als Markgraf hielt sich Friedrich in der Folgezeit, wie sich aus den ausgestellten Urkunden ergibt, regelmäßig in Rochlitz auf. 1292: Grimma, Weißenfels, Rochlitz, Naumburg, Grimma, Döbeln, Zeitz. (In Rochlitz urkundete er vor dem Altar, angesichts der Heiligen, »Rochlitz in unser Capellen«); 1293: Großenhain, Rochlitz, Meißen, Rochlitz, Grimma, Meißen, Triptis; 1294: Meißen, Rochlitz, Hohenwussen, Döbeln, Meißen, Eger, Freiberg. Von Friedrich sind insgesamt 16 in Rochlitz ausgestellte Urkunden nachweisbar.

Markgraf Friedrich, der 1295 von Rochlitz aus mit dem in Altenburg stehenden König verhandeln wollte, entging bei einer geplanten Zusammenkunft in Altenburg nur knapp einem Mordanschlag. Nach der Eroberung von Freiberg, des Silber- und Finanzzentrums, das 1296 durch Bestechung und Verrat in die Hände der königlichen Truppen fiel, musste Friedrich zur Auslösung der Gefangenen, von denen bereits eine größere Anzahl hingerichtet worden war, seinen Besitz in der Mark Meißen räumen.

Burg Rochlitz wurde 1296 bis 1298 wieder Reichsburg unter einer königlichen Besatzung. Friedrich ging 1296 ins Exil nach Tirol zu Verwandten seiner 1293 verstorbenen Frau Agnes. Er schloss sich Pfingsten 1297, anlässlich der Krönung Wenzels II. von Böhmen, in Prag einer Fürstenkoalition an, die sich aus Unzufriedenheit über die Hausmachtpolitik des Königs gebildet hatte. Sie war seit Mitte Mai 1296 durch Geheimverhandlungen vorbereitet worden. Diese günstige politische Konstellation ermöglichte ihm nach knapp zwei Jahren die Rückkehr. Von der Niederlausitz aus drang er in die Mark Meißen vor, die sich im April 1298 bereits weitgehend in seiner Hand befand.

Friedrichs erste Urkunde nach dem Tiroler Exil wurde am 23. April 1298 in Rochlitz ausgestellt. Seine ehemalige Residenzstadt aus der Pfalzgrafenzeit öffnete ihm sofort die Tore und die Burg wurde durch Überrumpelung der königlichen Besatzung genommen. Wenig später, wahrscheinlich im Mai, konnte im Gefecht bei Döbeln der königliche Statthalter Heinrich von Nassau, ein Vetter des Königs, der von Altenburg aus die Mark Meißen verwaltete, mit 20 Reitern gefangen genommen werden. Er wurde auf Burg Rochlitz inhaftiert. Um menschliche Haftbedingungen zu erhalten, musste er die Burg Lichtenwalde sowie Geithain, Döbeln und Borna, die sich noch in königlicher Hand befanden, ausliefern. Nach dem Tode König Adolfs (2. Juli 1298) gelang ihm die Flucht.

Der neue König Albrecht I. von Österreich (1298 bis 1308), der Ex-Schwager Friedrichs, betrachtete sich in jeder Beziehung als Rechtsnachfolger seines Vorgängers. Der Krieg ging weiter. Mit dem Wartburg-Vertrag vom 8. Januar 1307 konnte Friedrich Albrecht den Entarteten zum Verzicht auf die Regierung bewegen. Damit bekam er auch die von den königstreuen Eisenachern in der Hoffnung auf reichsstädtische Freiheit belagerte Wartburg in die Hand. Landgraf Albrecht starb 1314 vierundsiebzigjährig in Erfurt, wo der fürstliche Verschwender als Privatmann gelebt hatte, und fand auch hier seine letzte Ruhestätte.

Die Schlacht bei Lucka am 31. Mai 1307 brachte für die Wettiner die Wende. Auf der »Streitstatt« nordwestlich der Stadt wurde ein vom König zurückgelassenes schwäbisches Heer von Friedrich und seinem Bruder Diezmann geschlagen und der königliche Feldhauptmann, der Nürnberger Landvogt Küchenmeister Heinrich von Nortenberg, gefangen genommen. Der militärische Erfolg wurde auch diplomatisch ausgenutzt. Damit waren die Bemühungen zweier Könige um die Eingliederung der wettinischen Gebiete in das Reichsterritorium endgültig gescheitert. Als Friedrich der Freidige (= der Kühne) wurde der Landgraf von Thüringen und Markgraf von Meißen nach dreißigjährigen Wirren mit Beharrlichkeit

Das Fürstenhaus, ein Saalbau aus dem letzten Viertel des 14. Jahrhunderts

und viel Glück zum Neubegründer der Landesherrschaft der Wettiner, die sein Vater zugrunde gerichtet hatte. Nur die Niederlausitz ging auf Dauer verloren.

Auch in der späteren Zeit spielte die wettinische Landesburg Rochlitz eine Rolle. Als Friedrich im Kampf um die Niederlausitz Ende Februar 1312 vor Großenhain zusammen mit seinem Sohn Friedrich dem Lahmen (aus

Wappen der Markgrafen von Meißen in der Schlosskapelle (ehemals am städtischen Untertor, um 1370)

erster Ehe) in die Hände des Markgrafen Woldemar von Brandenburg fiel, gehörte die Vogtei Rochlitz zu den Pfandobjekten, die den Brandenburgern als Sicherheit für die in drei Raten bis 1314 zu zahlende ungeheure Summe von 32000 Mark Silber ausgeliefert wurden. Friedrich starb nach einem Schlaganfall und zweieinhalbjährigem Siechtum 1323 auf der Wartburg und wurde in der nicht mehr erhaltenen Katharinenkirche in Eisenach beigesetzt. Sein schönes Grabdenkmal in der Georgenkirche von Eisenach, gefertigt von der Hand des Eisenacher Meisters Berthold, trägt eine lateinische Inschrift. Sie lautet zu deutsch: »Sehet des Friedens Freund, Friedrich, den Pfleger der Tugend, meißnischen Markgrafen einst, Landgrafen, Enkel von Kaisern! Hier ist bestattet sein Leib, dort aber strahle sein Geist.« Für ihn blieben die ludowingische Residenz Eisenach und die Wartburg die Heimat, ebenso für seine Frau Elisabeth, die die Regierung für ihren kranken Gemahl führte und als Witwe noch den Enkeln zur Seite stand. Das gilt auch für seinen Sohn Friedrich den Ernsthaften (1310/1323-1349), der ebenfalls auf der Wartburg gestorben ist. Er wurde jedoch nicht in Eisenach begraben, sondern in der Grablege der Wettiner im Kloster Altzella, ein Bekenntnis zur Tatsache, dass das Schwergewicht des Landes im Osten lag. Die folgenden Wettiner bevorzugten die Kontaktzone der beiden großen Territorien, den Raum zwischen Pleiße und Mulde um Altenburg, Grimma, Colditz und Rochlitz. Erst unter Kurfürst Ernst und Herzog Albrecht erhielt die Elblinie mit Meißen, Dresden, Torgau und Wittenberg den endgültigen Vorzug.

Bischof Sigismund von Würzburg, Herzog von Sachsen

Mit dem Eintritt Herzog Sigismunds (3. März 1416 Grimma bis 24. Dezember 1471 Rochlitz) in den geistlichen Stand übernahmen seine Brüder, Kurfürst Friedrich II. und Landgraf Wilhelm III., den Besitz und teilten ihn am 25. Februar 1437. Als standesgemäße Ausstattung verblieben für Sigismund die Ämter Weida, Altenburg und Rochlitz.

Nach dem Tode Kurfürst Friedrichs I., des letzten Markgrafen von Meißen und ersten Kurfürsten und Herzogs von Sachsen 1428 in Altenburg, hatte zunächst sein ältester Sohn Friedrich II., der Sanftmütige, gemeinsam mit seinen Brüdern Wilhelm, Heinrich (gest. 1435) und Sigismund die Regierung übernommen. In Rochlitz war wenig später ein Vertrag wegen des Wittums ihrer Mutter, Katharina von Braunschweig, geschlossen worden. Schon am 4. Januar 1436 hatten die Söhne ihr Erbe geteilt, wobei die Teilung zunächst für neun Jahre Bestand haben sollte. Dem neunzehnjährigen Sigismund waren 28 Lehnsherrschaften, das Schutzrecht über den Bischof von Merseburg und als Vasallen die Herren von Schönburg sowie die Burggrafen von Leisnig zugeteilt worden. Er residierte in Weißenfels und Weida. In Weida hat sich Sigismund noch Anfang 1437 aufgehalten und dem Weidaer Nonnenkloster die alten Freiheiten bestätigt. Kurz darauf, im Januar oder Februar 1437, entsagte er der Welt, legte seine Regentenwürde nieder und trat in den geistlichen Stand ein. Die Weihen zum Priester erhielt er in Merseburg durch den Bischof, der aus der Familie von Bose stammte. Damit war Sigismund Stifts- oder Domherr, dem als Mitglied einer angesehenen fürstlichen Familie die höchsten geistlichen Würden offen standen.

Zu diesem ungewöhnlichen Schritt soll den Zwanzigjährigen die schwärmerische Liebe zu einer Nonne – Jutta

»Langer Keller« im Südflügel. Die Kellertreppe zum Hof stammt aus dem 14. Jahrhundert.

von Lohma – getrieben haben und er soll den geistlichen Stand nur deshalb gewählt haben, damit er sich ihr bequemer nähern konnte. Bereits die ältesten, fast 100 Jahre später schreibenden Autoren schmückten diese Überlieferung mit weiteren sagenhaften Zügen aus: Sigismund habe ein Haus neben dem Kloster erbauen lassen, um durch einen unterirdischen Gang zwischen den Gebäuden leichter zu ihr gelangen zu können. Die Sage von der Liebschaft will wohl den plötzlichen Übertritt in den geistlichen Stand erklären. Nach allem, was wir über Sigismund wissen, wäre eine überspannte jugendliche Schwärmerei nicht unmöglich. Immerhin hat es im Augustinerinnenkloster Weida eine Nonne Jutta von Lohma gegeben. In einer Urkunde des Klosters vom 23. April 1436 wird unter den Zeuginnen »Jutta von Lohma die älteste« angeführt. Demnach gab es unter den Nonnen mindestens noch eine Jutta von Lohma. Nimmt man aber den Superlativ »älteste« wörtlich, dann müssen sogar drei Nonnen aus der Familie von Lohma mit dem Namen Jutta im Kloster gelebt haben, womit natürlich noch kein Beweis für ein Liebesverhältnis erbracht ist.

Für einen nachgeborenen Sohn aus fürstlicher Familie war der Eintritt in die geistliche Laufbahn ein ganz normaler Vorgang, denn außer der standesgemäßen Versorgung erwies sich die Besetzung der Bischofsstühle mit Männern des Fürstenhauses als ein wichtiges Mittel landesherrlicher Politik. Ungewöhnlich war nur, dass Sigismund seine offenbar überraschend getroffene Entscheidung bald bereute und rückgängig zu machen suchte. Um seine Brüder zur Wiedereinsetzung in die alten Herrschaftsrechte zu zwingen, verbündete er sich mit erstaunlicher politischer Instinktlosigkeit mit den ärgsten Feinden des Kurfürsten, den Vögten von Plauen. Diese hatten nach dem erbenlosen Tod des Burggrafen von Meißen 1426 in der Schlacht bei Aussig das Burggrafenamt erhalten, eine königliche Entscheidung, gegen die der Kurfürst sofort den Kampf aufnahm. 1438/39 verlor Vogt Heinrich II., Herr zu Plauen und Burggraf von Meißen, seine burggräflichen Lehen an den Kurfürsten (im Bereich der Mark Meißen allein 270 Dörfer), so dass ihm nur der Titel »Burggraf von Meißen« verblieb. Der des Landesverrats überführte Sigismund wurde im November 1438 in der Obhut von sechs vornehmen Edelleuten auf der Neuenburg festgesetzt. Sie sollten ihn, wie es heißt, in seiner Entscheidung für ein geistliches Amt bestärken. Seine Brüder verschafften ihm – außerhalb des Landes – eine Domherrenstelle in Würzburg mit Anwartschaft auf die Bischofswürde. Als dreiundzwanzigjähriger Domherr wurde er am 19. Dezember 1439 zum Koadjutor erhoben und im Vertrag von Coburg zum Nachfolger des Bischofs bestimmt. Sigismund wurde tatsächlich am 20. Januar 1440 im Alter von knapp 24 Jahren vom Domkapitel zum Bischof von Würzburg gewählt. Der leichtlebige und reichlich querköpfige junge Mann verstand es nicht, sich Anerkennung und Achtung zu verschaffen. Er verfeindete sich vielmehr mit dem Kapitel. Um die drohende Absetzung zu verhindern, rief er seine Brüder zu Hilfe. Diese konnten die Erregung gegen den unbeliebten und unwürdigen Bischof zwar dämpfen, da er sein Verhalten jedoch nicht besserte, war das Ende unvermeidlich.

Sigismund war der ihm zugedachten Rolle offensichtlich so wenig gewachsen, dass er am 19. November 1443 nicht nur abgesetzt wurde, sondern auch seine Domherrenstelle aufgeben musste. Der abgedankte Bischof, der sich bisher in allen Lebenslagen als unreif, unklug und unerfahren erwiesen und einen Mangel an jeglicher Charakterstärke gezeigt hatte, blieb auf die Unterstützung seiner Brüder angewiesen. Sie verzichteten auf jeden weiteren Versuch und wiesen dem jungen Mann Rochlitz als Wohnsitz an, wo er von 1443 bis 1471 als ein abgeschobenes Mitglied der fürstlichen Familie in standesgemäßer Verbannung lebte, einige Quellen sprechen gar von Gefängnis. Der Dominikanermönch Johannes Lindner in Pirna (um 1530) z. B. berichtet, Sigismund sei in Rochlitz »gefänklich, jedoch fürstlicher Weise, gehalten« worden. Er starb am 24. Dezember 1471 im 55. Lebensjahr an der Wassersucht. Im »Ausschreiben« Landgraf Wilhelms III. von Thüringen, Weimar den 2. Januar 1472, wegen Glockenläutens, Vigilien und Seelenmessen, heißt es: »Unser lieber bruder her Sigemund herzog zu Sachsen etc. seligs gedechtnis ist an des heiligen Cristtage nest vergangen zu nacht mit verwarunge der heiligen sacrament und guter innekeid vernunfftiglich als ein friund kristlicher furste verschieden.« Kurfürst Ernst und Herzog Albrecht ließen die Leiche des Onkels nach der Aufbahrung in der Burgkapelle mit fürstlichem Geleit nach Meißen bringen und in der Fürstenkapelle des Domes beisetzen.

Zwischen 1436 und 1445 beherbergte die Burg das gemeinsame wettinische Staatsarchiv, eine zentrale Funktion, die mit der Altenburger Teilung 1445 an die Pleißenburg fiel. 1446 war Rochlitz Verhandlungsort, um die seit der Altenburger Teilung bestehenden Spannungen zwischen dem vierunddreißigjährigen Kurfürsten Friedrich II., dem Sanftmütigen, und seinem Bruder, dem einundzwanzigjährigen Herzog Wilhelm III. von Thüringen, beizulegen, wobei ein politischer Affront, verursacht durch den herzoglichen Rat Apel Vitzthum, zum unmittelbaren Anlass des sächsischen Bruderkrieges (1446–1451) wurde.

Der von beiden Parteien mit ausgesuchter Grausamkeit geführte Krieg, den zwei unerfahrene, auf kleinliche Vorteile bedachte Fürsten heraufbeschworen hatten, änderte nichts an der Altenburger Regelung. Sein trauriges Nachspiel, der Altenburger Prinzenraub (7./8. Juli 1455), ausgelöst durch das selbstsüchtige Verhalten des Kurfürsten, endete nach acht Tagen mit der Hinrichtung des Ritters Kunz von Kaufungen in Freiberg. Ihm wurde keine Gerichtsverhandlung zugestanden. Am Tage nach der Hinrichtung unternahm der Kurfürst mit seiner Gemahlin,

Grabplatte des Bischofs Sigismund von Würzburg, gest. 1471. Fürstenkapelle im Meißener Dom

den Prinzen Ernst und Albrecht und dem gesamten Hofstaat eine Wallfahrt zum Gnadenbild der Maria nach Ebersdorf (bei Chemnitz). Der Rückweg führte über Rochlitz. Nach einer Übernachtung auf der Burg traf der kurfürstliche Hof am 16. Juli 1455 wieder in Altenburg ein.

Herzogin Amalie von Bayern

Herzogin Amalie (4. April 1436 Meißen – 19. November 1501 Rochlitz) war eine Schwester der gemeinsam regierenden sächsischen Herrscher Kurfürst Ernst und Herzog Albrecht. Sie übernahm laut Vertrag vom 12. März 1481 von ihren Brüdern auf Lebenszeit »Slos vnnd Stat Rochlittz mit allir Zugehorung«. Da im Vertrag vom Amt Rochlitz, zu dem außer den Amtsdörfern auch diverse Herrschaftsrechte sowie die Städte Geithain und Mittweida gehörten, nicht die Rede ist, darf man die Wendung »Schloss und Stadt« vielleicht wörtlich nehmen. Ihr Wittum in Bayern wurde von ihrem Sohn Georg in Bargeld abgelöst und die Brüder übernahmen die Leibrente der Schwester. Der spätere Leipziger Teilungsvertrag von 1485 enthält einen Passus über die finanzielle Absicherung der Schwester.

Als fünfzehnjährige war Amalie 1452 mit dem fünfunddreißigjährigen Herzog Ludwig dem Reichen von Niederbayern verheiratet worden. Das bis 1503 existierende Herzogtum Bayern-Landshut umfasste rund zwei Drittel Altbayerns. Die Grundlage des legendären Reichtums der »reichen« Herzöge bildeten die Einkünfte aus dem Salzwesen und dem Bergbau, verbunden mit einer effektiven Verwaltung. Dagegen war der oberbayerische Vetter in München als »Herzog mit der leeren Tasche« im Gespräch der Leute. Neben der Residenz zu Landshut gab es eine zweite in Burghausen. Sie war Familiensitz, wo die Herzogin ihre eigene Hofhaltung geführt hatte. Ludwig der Reiche und Amalie richteten 1475 die berühmte Landshuter Hochzeit für ihren Sohn Georg mit der polnischen Königstochter Hedwig aus. Die Braut war eine Tochter von König Kasimir IV. und Elisabeth von Österreich. Das auf politische Repräsentation ausgerichtete Fest von »barbarischer Prunkhaftigkeit« bildete damals Ge-

Spätgotischer Wasserspeier in Form eines Drachen am ehemals offenen Balkon des Querhauses, um 1477/80

Obere Fensterzone der Schlosskapelle. In einem Rechteckrahmen kommen übereinander drei Bogenformen zur Anwendung: ein Vorhangbogen-Maßwerk in einem Spitzbogenfenster, darüber ein »Eselsrücken« oder Kielbogen.

sprächsstoff in ganz Deutschland. In Erinnerung daran wird seit 1903 von der Stadt Landshut die achttägige »Landshuter Hochzeit« alle vier Jahre als spektakuläres Volksfest nachgestaltet. Es ist mit 2200 Mitwirkenden das bedeutendste europäische Dokumentationsspiel. Nach dem Tode Ludwigs des Reichen 1479 bemühte sich Amalie um die Rückkehr in die Heimat.

Jüngsten Erkenntnissen zufolge hat die Herzogin, der seit etwa 100 Jahren große Baumaßnahmen zugeschrieben werden, mit Ausnahme des verschieferten Fachwerkaufbaues über der Kapelle, am Schloss nicht gebaut, sondern von ihren Brüdern einen nach den Maßstäben der Zeit »modernen« Um- und Neubau übernommen. Diese Modernität sowie die Nähe zur Mutter, Kurfürstinwitwe Margarethe von Österreich, die in Altenburg und Colditz Hof hielt, gaben den Ausschlag für Rochlitz.

Um 1477/80 war im zweiten Obergeschoss des Querhauses nach dem Vorbild und in der Qualität der Albrechtsburg ein fürstliches Appartement eingerichtet worden, bestehend aus drei Großräumen mit reich verzierten Holzdecken, raumbestimmenden Vorhangbogenfenstern,

»Sängerempore« in der Schlosskapelle

Herzogin Amalie von Bayern

Die Schlosskapelle mit Kanzel, »Herzogenempore« und »Sängerempore« ist ein Um- und Neubau von 1477/80 in der Formensprache der obersächsischen Spätgotik. Doppelt gekehlte Rippen bilden ein dekoratives Netzgewölbe.

tiefen zellengewölbten Fensternischen mit umlaufenden Bänken und abschließenden Bögen, einem bis um 1800 auf der Südseite auskragenden »Sommerhaus« in Fachwerk und einem hofseitig vorgelegten, ursprünglich offenen Balkon (»Steinerner Gang«), der zugleich einen separaten Zugang zu einem der herrschaftlichen Räume ermöglichte. Beachtenswert ist der von einem uns nicht

Schlosskapelle. Über dem linken Dachansatz der Kapelle ist der Eckverband des romanischen Torturmes sichtbar. Der verschieferte Fachwerkbau, ursprünglich mit Dachreiter und Glocke, entstand als nachträgliche Zutat um 1490 unter der Herzoginwitwe Amalia.

namentlich bekannten Baumeister ausgeführte Um- und Neubau der Schlosskapelle, die als ein ausgesprochen »höfischer« Raum mit 9,20 Meter Höhe und 18 Meter Länge eine stattliche Größe besitzt. Hier könnte Amalie noch die Ausgestaltung in Sekkomalerei veranlasst haben, die mit ihren eigenwillig unregelmäßig angeordneten Bildteppichen und der als »Himmelswiese« gestalteten Gewölbe-

Maria als Himmelskönigin in der Strahlenglorie, stehend auf einer gestürzten Mondsichel. Gemalter Wandteppich mit breiter Borte an der Nordwand der Schlosskapelle, um 1477/80

zone qualitativ hochwertig und mit größter zeichnerischer Sicherheit ausgeführt war. Dafür spräche das in Sachsen einmalige, in Bayern geläufigere Motiv einer »Ährenkleidmaria«, deren dunkelblaues Kleid mit goldenen Ähren verziert ist. Es entspricht der theologischen Vorstellung von Maria als »heiligem Acker«, aus dem Christus als das »wahre Himmelsbrot« hervorgegangen ist.

Amalie war eine eifrige Sammlerin von Reliquien. Dieses numinose Potential leiblicher Überreste von Heiligen

Maria und Johannes unterm Kreuz, im Hintergrund die älteste Abbildung des Schlosses, das westliche Turmpaar mit dem Obertor. Gemalter Wandteppich an der Nordwand der Schlosskapelle, um 1477/80

und Gegenständen, die mit Christus und Maria in Verbindung gebracht wurden, besaß neben dem Wert für das Seelenheil auch eine nicht zu unterschätzende Schutzfunktion für das Schloss und die Stadt. Wertvoll war nicht nur der Inhalt, sondern auch die prunkvolle Aufbewahrung in Edelmetallgefäßen, reich verzierten, silbervergoldeten und mit edlen Steinen besetzten Heiligenstatuetten und Reliquiaren. Die Herzogin stiftete eine große Anzahl, vielleicht ihre gesamte Sammlung, dem Dom zu Meißen.

Zur Hochzeit ihres Neffen, des späteren Kurfürsten Johann dem Beständigen, zog die Herzogin im März 1500 als älteste und ranghöchste Fürstin an der Spitze eines Reiterzuges von 400 Pferden in Torgau ein. Wenn auch etwa die Hälfte dieses stattlichen Zuges auf die angeschlossene Begleitung von neun Damen des Hochadels zu veranschlagen ist, dürfte sie ungefähr 200 Pferde aufgebracht haben. Wie hoch man auch den Anteil des sie begleitenden Landadels, einschließlich aller heranwachsenden Söhne und Töchter, einschätzen mag, ihr eigentlicher Haushalt könnte etwa 100 Personen umfasst haben. Zur organisatorischen Absicherung der Hochzeit lieferte sie Federbetten, Gerät aller Art, Teppiche, Kostbarkeiten sowie Gold- und Silberzeug von Rochlitz nach Torgau.

Ihre Grabstätte wünschte sich Amalie im Freiberger Dom. Deshalb übertrug sie dem unter der Leitung des Meißener Dompropsts stehenden Freiberger Kollegiatstift »Unser lieben Frauen« die Rochlitzer Petrikirche. Obwohl eine Papsturkunde vom 13. Juni 1497 die Übertragung bestätigte, ist weder aus der Einverleibung noch aus der Grablege etwas geworden, denn die Herzogin änderte ihren Entschluss und wählte als letzte Ruhestätte den Dom zu Meißen. Dieser Vorgang sowie die Tatsache, dass sich Amalie um den Bau niederbayerischer Kirchen Verdienste erwarb, spricht für die Vermutung, sie könnte auch den 1499 vollendeten spätgotischen Um- und Neubau der unter ihrem Patronat stehenden Petrikirche unterstützt haben. Die Herzogin starb am 19. November 1501 im 66. Lebensjahr auf Schloss Rochlitz. Ihre Leiche wurde wahrscheinlich in der Schlosskapelle aufgebahrt und anschließend von ihrem Neffen Herzog Georg und seinem Hofstaat in einem feierlichen Staatsakt in den Meißener Dom überführt. Peter Vischer d. Ä., der berühmte Künstler der Nürnberger Werkstatt, schuf ihre bronzene gravierte Grabplatte wohl nach einem Entwurf von Albrecht Dürer.

Hochmeister Friedrich von Sachsen und Albrecht von Brandenburg-Ansbach

Die Vorgänge um die beiden Hochmeister des Deutschen Ordens in Rochlitz gehören der deutschen Nationalgeschichte an. Hochmeister Friedrich von Sachsen (25. Oktober 1474 Torgau – 13. Dezember 1510 Rochlitz) verließ 1507 sein Ordensland Preußen und suchte Hilfe gegen das allmächtige Polen beim Kaiser, beim König von Ungarn und bei den deutschen Reichsfürsten. Sein Bruder, Herzog Georg, übergab ihm die Schlösser Weißensee und Rochlitz als einstweilige Residenzen.

Der Deutsche Orden, der einst auf den Golan-Höhen in Palästina seinen Anfang nahm, hatte nach dem zweiten Thorner Frieden 1466 den westlichen Teil Preußens, das Gebiet rechts und links der Weichsel mit Danzig und der Marienburg, an Polen abtreten müssen und besaß nun nur noch das spätere Ostpreußen mit der Hauptstadt Königsberg und dem Sitz des Hochmeisters. Für dieses Restgebiet musste er die polnische Lehnshoheit anerkennen und dem König Heeresfolge leisten. In dieser prekären Situation hatte Hochmeister Hans von Tiefen – von Herkunft ein Schweizer, der 1497 während eines polnischen Kriegszuges gegen die Türken den Strapazen erlag – die Wahl seines Nachfolgers in eine neue Bahn gelenkt, die einer Verfassungsänderung gleichkam: Um dem Orden eine bessere Verhandlungsposition zu geben, sollte künftig der Nachfolger aus einem deutschen Fürstenhaus gewählt werden, das mit dem König von Polen in verwandtschaftlichen Beziehungen stand. Der Orden einigte sich auf einen Wettiner, auf Herzog Friedrich von Sachsen. Er war von Kind an für die geistliche Laufbahn bestimmt, humanistisch gebildet und hatte in Leipzig und Siena studiert. Sein Vater, Herzog Albrecht der Beherzte, besaß die

Gunst des Kaisers, der ihn 1495 zum Reichshauptmann ernannte. Friedrichs Bruder, Herzog Georg, war seit 1596 mit Barbara, der Tochter des Polenkönigs Kasimir IV., verheiratet. Diese verwandtschaftlichen Bindungen sowie Macht und Ansehen der Familie hoffte der Orden nutzen zu können. Im März 1498 waren sächsische Bevollmächtigte in Königsberg gewesen, darunter auch Hiob von Dobeneck, Probst der zur Ballei Thüringen gehörenden Deutschordens-Kommende Zschillen (Wechselburg). Im August war der fünfundzwanzigjährige Herzog nach Preußen abgereist, wo er am 29. September zum Hochmeister gewählt wurde.

Friedrich legte Wert auf eine glänzende Repräsentation seiner Residenz Königsberg, die bereits zu seiner Zeit landesfürstliche Züge annahm. Er zog bewährte Männer aus der Heimat nach Königsberg, u. a. den Probst von Zschillen, den er 1502 zum Bischof von Pomesanien in Preußen beförderte. Die Beziehungen Rochlitzer Steinmetzen und Maurer zu Ostpreußen dürften in diese Zeit zurückreichen. Friedrich war ein Friedensfürst, er kämpfte mit diplomatischen Mitteln, vermied mit Weitblick jede Konfrontation und erreichte 1506, als sich die Lage mit Regierungsantritt König Sigismunds I. abermals zuspitzte, ein Machtwort des Papstes. Bevor Friedrich, erst siebenunddreißigjährig, am 14. Dezember 1510 auf Schloss Rochlitz an der Wassersucht starb, hatte er seinem Freund, dem Bischof von Pomesanien, schriftlich den Oberbefehl über den Orden übertragen.

Friedrich hatte bis zuletzt das Verhältnis zu Polen in der Schwebe gelassen und den Lehenseid nicht geleistet. Zur Rochlitzer Bürgerschaft fand er ein gutes Verhältnis, denn 1510 stiftete er der Schützengilde ein silbernes Schild an den Königsschmuck. Man rechnete wohl mit einer Beisetzung in Rochlitz oder Zschillen, denn vom Leipziger Dominikaner Hermann Rab, der oft in der Rochlitzer Petrikirche predigte, hat sich eine dafür ausgearbeitete

Leichenpredigt erhalten, die er aber nach seinen eigenen Angaben nicht gehalten hat. Wie vermutlich bereits seine 1501 verstorbene Tante, Herzogin Amalie von Bayern, dürfte auch der Hochmeister in der Schlosskapelle aufgebahrt worden sein. Die Leiche wurde dann in einem großen Staatsakt von Herzog Georg und seinem Hof sowie hohen Vertretern des Deutschen Ordens nach Meißen überführt und im Dom beigesetzt. Friedrichs bronzene gravierte Grabplatte aus der Nürnberger Vischerhütte ist wohl ein Werk Hermann Vischers d. J. nach einem Entwurf von Lucas Cranach d. Ä. Die Dresdner Rüstkammer bewahrt seinen Feldharnisch aus einer Augsburger oder Nürnberger Werkstatt. Es ist ein seltenes Stück aus der unter Napoleon 1808 aufgelösten Rüstkammer in Königsberg, der einzige erhaltene Harnisch eines Hochmeisters des Deutschen Ordens und dazu des einzigen Wettiners, der je diese Würde bekleidete.

Zeremonialharnisch des Hochmeisters des Deutschen Ritterordens Friedrich von Sachsen. Süddeutsch, 1510

Bereits im Frühjahr 1510, als mit Friedrichs Genesung nicht mehr gerechnet werden konnte, hatten im Auftrag des Hochmeisters die ersten Verhandlungen wegen der Wahl des Nachfolgers begonnen. Friedrich und seine Berater entschieden sich abermals für einen nahen Verwandten des polnischen Königs, für Markgraf Albrecht von Brandenburg-Ansbach (14. Mai 1490 Ansbach bis 20. März 1568 Topiau) aus der fränkischen Linie der Hohenzollern, den seine Familie für eine geistliche Laufbahn vorgesehen hatte. Seine Mutter Sophie war eine Schwester des verstorbenen Königs Kasimir IV., Albrecht mithin ein Cousin von König Sigismund I. und ein Neffe Herzog Georgs von Sachsen. Um Polen keine Zeit zur Einmischung zu geben, beschleunigte Hiob von Dobeneck den Wahlvorgang. Auf ausdrücklichen Wunsch Herzog Georgs sollte die feierliche Einkleidung und die Wahl in seinem Lande erfolgen. Am 13. Februar 1511 wurde der einundzwanzigjährige Markgraf in der romanischen Basilika der Deutschordens-Kommende Zschillen (Wechselburg) in Gegenwart Herzog Georgs und seines Hofstaates, der Ansbacher Fürsten und der Ordensgebietiger in üblicher Weise zum Deutschritter geschlagen, mit dem Ordenskreuz geschmückt und eingekleidet. Vor dem Heiligkreuzaltar erhielt der junge Ordensritter abschließend die unwiderrufliche Zusage für das Hochmeisteramt. Noch am gleichen Tag erfolgte auf Schloss Rochlitz durch die anwesenden Ordensgebietiger – nach der Vorschrift sollte der Wahlkonvent 13 Mitglieder umfassen – die feierliche Wahl des bisher jüngsten Hochmeisters in der Geschichte des Ordens, verbunden mit der Übergabe der Amtsinsignien. Ort der Handlung war zweifellos der 30 Meter lange und knapp sieben Meter hohe Festsaal im zweiten Obergeschoss des Fürstenhauses. Billigt man jeder der drei Gruppen ein kleines fürstliches Gefolge zu, so dürfte das Schloss etwa 300 Gäste bewirtet haben.

Albrecht schlug eine schärfere Gangart der übernommenen Revisionspolitik ein, vermochte aber die europaweit mobilisierten Kräfte nicht zu konzentrieren. Der von ihm provozierte Krieg gegen Polen führte rasch an den Rand einer Katastrophe. Er hielt es für ratsam, sich in seine fränkische Heimat zurückzuziehen, wo er in den Strudel der Reformation geriet. Nach Konsultation Luthers und Melanchthons erkannte Albrecht den status quo ante an, wandelte 1525 das Ordensland in ein weltliches, in gerader männlicher Linie vererbbares Herzogtum Preußen um, das er auf dem Landtag in Krakau aus der Hand des polnischen Königs zum Lehen nahm, übrigens in einer Form, die ihn stärker band, als der Eid von 1466 das getan hätte.

Der 1525 geschlossene Vertrag sollte dennoch bis 1657 Bestand haben. So wie Kaiser und Reich bisher nicht in der Lage gewesen waren, das Ordensland gegen Polen zu stützen, sowenig konnten sie jetzt gegen den Abfall des Hochmeisters und des wichtigsten Ordensterritoriums einschreiten. Die brandenburgische Hauptlinie, die dieses

Herzogtum Preußen zunächst nicht anerkannt hatte, erreichte nach Albrechts Tod vom König von Polen die Mitbelehnung und als sich das Erlöschen der albrechtschen Linie abzeichnete, sicherte sie – ganz in mittelalterlicher Weise – ihr Lehnsrecht durch Erbrecht, indem der Kurprinz 1594 die ältere Tochter – die »Erbtochter« – und der Kurfürst 1603 die jüngere Tochter des letzten Herzogs von Preußen heiratete. Der durch diese zweifache Heirat gesicherte Anfall des Landes bedeutete für Brandenburg den Beginn des Aufstiegs zur Großmacht. Eine günstige Konstellation der politischen Machtinteressen in Europa ermöglichte es dann dem Kurfürsten Friedrich III. von Brandenburg, das seit 1657 souveräne Nebenland seines Kurfürstentums durch die Königsberger Selbstkrönung vom 15. Januar 1701 zum Königreich Preußen zu erklären und so die begehrte Königskrone zu erhalten. Sein kritischer Enkel Friedrich II. sagte dazu: »Was in seinem Ursprung ein Werk der Eitelkeit schien, erwies sich nachher als Meisterstück der Politik.«

Betrachtet man die seit der Hochmeisterwahl von 1511 eingetretene Entwicklung vom Ende her, dann hat die Wiege des brandenburgisch-preußischen Staates auf Schloss Rochlitz gestanden. Zweifellos hat die dort erfolgte Wahl des Markgrafen Albrecht von Brandenburg-Ansbach zum Hochmeister und dessen Abfall vom Deutschen Orden wichtige Voraussetzungen für die spätere Entwicklung Preußens geschaffen, doch waren weder sie noch die nachfolgenden Ereignisse Stationen eines konsequenten, zielgerichteten Prozesses.

Elisabeth, die »Herzogin zu Rochlitz«

Mit der Herzogin Elisabeth von Sachsen (4. März 1502 Marburg-6. Dezember 1557 Schmalkalden), Witwe des albertinischen Thronfolgers Herzog Johann, Schwiegertochter Herzog Georgs des Bärtigen und Schwester Landgraf Philipps von Hessen, die als »Herzogin zu Rochlitz« in die deutsche Geschichte eingegangen ist, stand Rochlitz abermals im Blickfeld der deutschen Nationalgeschichte. Sie selbst hat sich zwar nie so genannt und sie ist auch nie so angeredet worden. Doch Zeitgenossen und Briefpartner verwendeten statt des langen offiziellen Titels diese Bezeichnung. Selbst in ihren letzten Lebensjahren als »Herzogin zu Schmalkalden« waren die zehn Jahre in Rochlitz (1537-1547) noch so prägend, dass man sie meistens die »Herzogin zu Rochlitz« nannte.

In Fortsetzung einer seit 1373 bestehenden Erbverbrüderung zwischen Hessen und den Wettinern war Elisabeth im Alter von drei Jahren mit dem sächsischen Vetter verlobt worden. Die 1505 in Erfurt erfolgte Eheberedung bedurfte als Verwandtenehe vierten Grades der päpstlichen Dispenz. Gegen das seit 1505 als Wittumssitz in Aussicht genommene Schloss Rochlitz erhoben die hessischen Räte Bedenken. Zu den versprochenen Nachbesserungen sind wohl die Bauarbeiten zu rechnen, die mit zwei großen Gedenksteinen und der Jahreszahl 1525 gekennzeichnet wurden, wahrscheinlich auch der kleine Lustgarten, der durch eine erhaltene Tischwange mit Jahreszahl auf 1531 datiert werden kann. Dieser älteste Renaissancegarten Sachsens lag westlich vor dem Schloss und war wie alle diese Gärten streng geometrisch angelegt. Das um etwa vier Meter höher gelegene und erheblich aus der Längsachse nach Süden verschobene Plateau mit dem 1558 für 40 Gulden auf Abbruch verkauften Lusthaus ermöglichte eine reizvolle Aussicht auf das Schloss, die Stadt und die Flusslandschaft.

Elisabeth von Sachsen (»Herzogin zu Rochlitz«). Gemälde von Lucas Cranach, d. Ä., 1534. Hessisches Landesmuseum Darmstadt

Ende Februar 1537 war Elisabeth erstmals zur Besichtigung ihres Wittums in Rochlitz. Auf dem Erbeinigungstag in Zeitz wurde ihr am 19. März das Wittum mit allen Hoheitsrechten zugesprochen, bestehend aus Schloss und Amt Rochlitz mit den Städten Geithain, Rochlitz und Mittweida sowie Schloss und Amt Kriebstein mit den Städten Waldheim und Hartha. Am 22. und 23. März huldigten die Städte der neuen Herrin.

Die willensstarke, kluge und humorvolle Frau mit Interesse für die großen Fragen der Zeit war eine scharfe Beobachterin und sich ihrer verwandtschaftlichen Stellung zu den Fürsten der Reformation sowie der damit verbundenen Verantwortung bewusst. Sie führte mit vielen Fürsten und einflussreichen Zeitgenossen einen regen Briefwechsel, voll Lebendigkeit und Frische, klar und treffend in Urteil und Ausdrucksweise, warmherzig, aber mit rücksichtsloser Offenheit. Etwa 2000 Briefe von, an und über die »Herzogin zu Rochlitz« wurden bisher als eine wichtige Quelle der Reformationszeit entziffert, obwohl die über 1000 Elisabeth-Briefe wegen ihrer eigenwilligen Orthographie zu den am schwersten lesbaren Briefen dieser Zeit gehören. Das Erhaltene ist nur ein Teil des ursprünglichen Bestandes, denn die meisten Briefe sind von den Empfängern vernichtet worden. Auch Kopien und Konzepte waren nicht üblich, das ging der Herzogin alles nicht schnell genug. Wiederkehrende Anreden kürzte sie ab, f h l b bedeutet: freundlicher, herzlicher Bruder! und die in Briefanschriften üblichen Titel behandelte sie genau, aber mit lakonischer Kürze. Steht auf der Außenseite eines Briefes an den Kurfürsten: »d h g f h h f h z S d h r r e v k l y d m z m m f h l o v b y s l e hant«, so heißt das »Dem hoch geborenen Fürsten Herzog Hans Friedrich, Herzog zu Sachsen, des heiligen Römischen Reiches Erzmarschall und Kurfürst, Landgraf in Thüringen, Markgraf zu Meißen, meinen freundlichen herz lieben Ohm und Bruder in seiner Liebden eigene Hand«.

Die Herzogin war eine eifrige, impulsive Schreiberin, die ihre Meinung klipp und klar und mit erstaunlicher Schlagfertigkeit äußerte. Das ist selbst bei den diktierten Briefen noch ablesbar: »Der mirs aber geschreyben hat, der hats aus meinem maull geschreyben.« Dieser natürliche und ungeschminkte Ton findet sich ähnlich bei einer späteren Nachfahrin ihres Bruders wieder, in den Briefen der Liselotte von der Pfalz.

Ihr Mandat vom 2. Dezember 1537 über Priesterehe und Abendmahlsempfang wurde zum Geburtsbrief der Reformation, die sie trotz des erbitterten Widerstandes ihres streng katholischen Schwiegervaters und der Bischöfe von Naumburg und Meißen in ihrem Herrschaftsgebiet einführte. Ihr Bruder sandte zu ihrer Unterstützung im Frühjahr 1537 Johann Schütz aus Kassel nach Rochlitz. Er predigte in der Schlosskapelle und am 11. September 1537 erstmals öffentlich in der Petrikirche, wie der Ratsherr, Gastwirt und Geleitsmann Christoph Leubnitz, ein Ahnherr des Philosophen Gottfried Wilhelm Leibniz, berichtet. Von Kurfürst Johann Friedrich erbat sie sich seinen erfahrensten Mann, Antonius Musa aus Jena, als Superintendenten nach Rochlitz. Er trat am 10. Dezember 1537 sein Amt an. Der Hesse Johann Schütz wurde 1544 sein Nachfolger.

Schon als junge Frau am Dresdner Hof hatte Elisabeth ihren Schwiegervater vorsichtig in seinem Vorhaben bestärkt, die Leipziger Disputation (zwischen Luther und Eck) durchzuführen. Herzog Georg hatte damals, ganz auf Ecks Seite stehend, am 16. Juli 1519 auf Schloss Rochlitz angeordnet, die Akten über die Disputation zur Beurteilung an die Universitäten Erfurt und Paris zu senden, die sich jedoch hüteten Stellung zu nehmen. Auch später war Elisabeth an einem Ausgleich interessiert und hat ihren Bruder, Landgraf Philipp von Hessen, in seinen dahingehenden Bemühungen bestärkt (Marburger Religionsgespräch 1529). Als das Leipziger Religionsgespräch 1539 zustande kam, war sie seit einem Jahr Mitglied des Schmalkaldischen Bundes und nicht nur an der Vorbereitung beteiligt, sondern auch als Beobachterin anwesend. Wenn Moritz von Sachsen, der große Gegenspieler Karls V., letztendlich zum Retter des deutschen Protestantismus geworden ist, so kommt der Herzogin auch daran ein gewisser Anteil zu.

Elisabeth litt unter der Kinderlosigkeit ihrer Ehe, was oft erschütternd in ihren Briefen anklingt. Zuletzt ließ man sie deutlich spüren, dass sie keinen Thronfolger geboren hatte: »... yetz acht meyn neyman, das mach, das ich keyn soun hab.« Sie nahm aus der Kinderschar ihres

Spiralförmig gedrehte Säule auf der Terrasse an der Schlosskapelle, um 1500

Bruders die zweijährige Barbara zu sich, die sie mit viel Freude und erzieherischem Geschick bis zum sechsten Lebensjahr in Rochlitz aufzog. In ihrem Wittum war Elisabeth nach dem Vorbild ihres Schwiegervaters eine gute »frühmerkantilistische« Wirtschafterin. Innerhalb von zehn Jahren gelang es ihr, die Wittumseinkünfte zu verdoppeln. Im Schlossvorwerk, dem Wirtschaftshof in der Leipziger Straße, standen 1548 25 Kühe, 25 nichtmilchende Rinder und 30 Schweine.

Auch Elisabeth besaß etwas von der Bauleidenschaft ihrer fürstlichen Zeitgenossen. Außer dem Umbau des Brauhauses zu einem Marstall für 26 Pferde kann ihr u. a. der Bau des dreigeschossigen Erkers am Südflügel, der wohl vom Johann-Friedrich-Bau des Torgauer Schlosses angeregt wurde, sowie der Umbau der Sakristei zugeordnet werden. Durch das Einziehen eines niedrigen Kreuzrippengewölbes entstand hier nach dem Vorbild des »Grünen Gewölbes« in Dresden ein »heimelichtes Beheltniß«, das über eine winzige Wendeltreppe mit dem darüber gelegenen Wohnraum verbunden war. Der geheime Verwahrraum mit den Resten der Treppe wurde erst 1934 entdeckt.

1538 holte Elisabeth das zum Schloss gehörige Geschütz zurück, das ihr Schwiegervater unter dem Vorwand, das Schloss sei wegen der Bauarbeiten nicht sicher genug, abgezogen hatte. Nach der 1505 getroffenen Eheberedung sollte ihr Witwensitz Rochlitz mit 100 Handbüchsen, 60 Hakenbüchsen, vier Feldschlangen, zwei großkalibrigen Mörsern, Blei, Steinen und zehn Tonnen Pulver ausgestattet sein. Ein Jahr nach ihrem Weggang bescheinigt das 1548 angelegte Amtserbbuch einen vergleichsweise guten baulichen Zustand des Schlosses: »1 Schloss mit seinenn hubschen gemachenn wol ausgebauet unnd dahindenn in dem grossenn garthenn einn lusthauss.«

Elisabeth führte in Rochlitz einen kleinen, aber sicher standesgemäßen Haushalt. Zu ihrem persönlichen Hofstaat gehörten 15 Jungfrauen und eine Närrin. Als ihr Bruder sie 1538 mit 150 Pferden besuchte, veranstaltete sie zu Ehren des Landgrafen am 24. und 25. Januar ein großes Turnier auf dem Markt, wo Sand aufgeschüttet und Rennbahnen abgesteckt worden waren. Dieser ritterliche Kampfsport war nicht ungefährlich, nicht so sehr durch die stumpfen Turnierlanzen, sondern durch die Lanzenschäfte, die nicht wie vorgesehen an der Sollbruchstelle abbrachen, sondern splitterten. Gleich am ersten Tag wurde der Landgraf von einem kursächsischen Adligen aus dem Sattel gehoben. Als am nächsten Tag in einem Gruppenrennen neun gegen neun ritten, fand ein hessisches Pferd durch eine splitternde Lanze den Tod. Der

Herzoginstube, um 1537/40

Landgraf Philipp I. von Hessen.
Gemälde von Hans Krell, um 1525

Rochlitzer »Superattendent« Antonius Musa schilderte in einem – ausnahmsweise weitgehend deutsch gehaltenen – Brief seinem Freund, dem Zwickauer Humanisten und Stadtschreiber Stephan Roth, den blutigen Anblick: »Seine brust wurde enczwey gestossen, das im das hertze zu leybe war gerißen und zcurslagen.«

Am 4. März 1540 schloss der sechsunddreißigjährige Landgraf Philipp von Hessen – bereits verheiratet mit Christine von Sachsen, Tochter Georgs des Bärtigen – mit der achtzehnjährigen Margarethe von der Saale, einem Hoffräulein Elisabeths, eine verhängnisvolle zweite Ehe. Dazu erhielt er die Zustimmung der Reformatoren, die in Form eines geheim zu haltenden »Beichtrats« (nach der Beichtpraxis der mittelalterlichen Kirche) erteilt wurde. Der Landgraf begrüßte am nächsten Tag Luther brieflich als seinen Schwager, denn Luthers Frau Katharina von Bora wäre ja mit seiner Frau Margarethe von der Saale verwandt. Als Elisabeth am 13. März durch Philipps Marschall sozusagen im Nachhinein von der Angelegenheit in Kenntnis gesetzt wurde, brach in ihr alles menschliche Vertrauen zusammen. Sie war über diese Hinterhältigkeit des Bruders entsetzt. Die jahrelang getäuschte und tiefgekränkte Herzogin konnte nicht fassen, dass er nicht an seine Familie, an Land und Leute und an den Schmalkaldischen Bund gedacht hatte. Tatsächlich setzte sich der Landgraf damit politisch selbst außer Gefecht.

Da Philipp wusste, dass die Schwester das Vorhaben verhindern würde und auch konnte, hatte er sie nicht eingeweiht. Er hatte Margarethe bei der Erbeinigung in Zeitz kennengelernt, wo Elisabeth mit ihrem Hofstaat erschienen war. Sie hatte damals den Eindruck, dass der Bruder die Verhandlungen unnötig in die Länge zog, jetzt kannte sie die Ursache. Mit der ehrgeizigen Mutter, Elisabeths Hofmeisterin Anna von der Saale geb. von Miltitz, hatte Philipp alles in größter Heimlichkeit vorbereitet. Elisabeths Meinung, die eitle Mutter habe die Tochter selbst

»auff dey schlachtbanck« geführt, sollte sich bestätigen. Die skandalöse Doppelehe wurde von den fürstlichen Standesgenossen nur als morganatische Ehe toleriert. Die Kinder der Landgräfin zur »linken« erhielten Namen und Titel wie Grafen von Dietz, Herren zu Eppstein und Bickenbach. Das Grabmal der unglücklichen Margarethe von der Saale (gest. 1566) steht in der Vorhalle der Johanniskirche in Spangenberg. Es ist ein ausdrucksstarkes Werk, vermutlich aus der Werkstatt Philipp Soltans. Ehrenrechtliche und moralische Vorbehalte waren die Ursache für den ungewöhnlichen Ort der Beisetzung: nicht wie üblich im Chor, sondern verbannt in die Vorhalle.

Mit großem persönlichen Einsatz war Elisabeth 1546/47 bemüht, den Ausbruch des Schmalkaldischen Krieges zu verhindern. Durch Beredsamkeit und Überzeugungskraft glaubte sie einen Ausgleich herstellen zu können, weil sie mit den beteiligten Fürsten nahe verwandt war und die meisten auch persönlich kannte. Obwohl sie keinen Erfolg hatte, griff sie weiterhin in das Geschehen ein. Schloss Rochlitz wurde zum Mittelpunkt des Nachrichtendienstes. Tag und Nacht empfing sie Boten, schrieb mit ihren beiden Sekretären Sigmund Kirchmeyer und Joseph Engelschall im Schreibstübchen – vermutlich der Raum über der Kapelle – bis zur physischen Erschöpfung. Sie bestürmte Freund und Feind mit Bitten, Ermahnungen, Warnungen, Vorschlägen, mit guten bzw. schlechten Nachrichten – Zeitungen im heutigen Sinne gab es ja noch nicht – und benutzte dazu zwei mühsam erlernte Geheimschriften für die beiden Bundeshauptleute, eine für den Landgrafen, eine für den Kurfürsten. Der Arbeitstag begann früh drei Uhr. Geschrieben wurde auf Büttenpapier mit dem Zeichen der Rose aus der Papiermühle Penig. Bei den gesammelten und weitergeleiteten Nachrichten unterschied sie deutlich zwischen Tatsachenberichten und Gerüchten, die sie nach Quelle und Glaubwürdigkeit untersuchte und kommentierte. Ebenso scharf trennte sie die Aussprüche anderer von ihrer eigenen Meinung. Auch die Haltung des Adels und die Stimmung des Volkes wurden umsichtig bewertet.

Seit dem 24. Februar 1547 waren Schloss und Stadt Rochlitz mit dem wichtigen Flussübergang von Markgraf Albrecht Alcibiades von Brandenburg-Kulmbach und dem oberpfälzischen Landgrafen Christoph von Leuchtenberg mit 6000 Mann besetzt. Sie erwarteten hier ihre Verbündeten, die über Mittweida heranziehenden Herzöge Moritz und August von Sachsen, während das Oberhaupt des Schmalkaldischen Bundes, Kurfürst Johann Friedrich, mit seinen Truppen in Altenburg stand. Die Herzogin, die seit Neujahr über 80 Briefe geschrieben hatte, wurde nun streng überwacht und musste ihre Tätigkeit einstellen. Der im Morgengrauen des 2. März 1547 durch Regen und Schneegestöber von Altenburg heranziehende Kurfürst entschied die Schlacht von Rochlitz, nachdem Artillerie und Fußvolk heran waren, durch einen Teil der Reiterei, die er durch die Furt von Sörnzig geschickt hatte, um dem Gegner an der Rochlitzer Brücke den Rückzug nach Mittweida abzuschneiden. Nach einer Landkarte von 1799 verlief die heutige Bundesstraße 175 nördlich des Rochlitzer Berges noch zwei Kilometer durch den Wald, heute sind es nur noch 200 Meter. Am westlichen Waldrand, wo der Weg von Breitenborn zum Rochlitzer Berg die Straße quert, stand an der Kreuzung die »Schareiche«, an der die Vorausabteilung des Kurfürsten die gegnerische »Scharwacht« aufgriff und damit den Kampf in Rochlitz völlig überraschend eröffnen konnte. Von hier wurde ein Teil der Reiterei über den Rochlitzer Berg und durch die Furt von Sörnzig auf die rechte Seite der Zwickauer Mulde geschickt. Die Schlacht von Rochlitz war ein bedeutender Erfolg des Schmalkaldischen Bundes, der aber ungenügend genutzt wurde. Die vernichtende Niederlage der Liga rief Kaiser Karl V. auf den sächsischen Kriegsschauplatz. Während des heftigen, sechsstündigen Kampfes erlebte Elisabeth mit ihrem Hofstaat aufregende Stunden im Keller des Schlosses, das zeitweilig unter Beschuss durch Stückkugeln gestanden hatte.

In der chronikalischen Überlieferung wird der Herzogin eine gewisse Mitschuld am Ausgang der Schlacht von Rochlitz zugeschrieben. Sie soll dem Kurfürsten Nachricht zugeschickt und die Kaiserlichen angeblich mit einer im Schloss veranstalteten Hochzeit vom Kampf abgelenkt haben. Nach einer durchzechten Nacht seien die eingeladenen Offiziere so toll und voll gewesen, dass sie dem kriegerischen Geschehen des anbrechenden Tages nicht gewachsen waren. Diese Überlieferung ist Teil einer gezielten Desinformation und gehört ins Gebiet der psychologischen Kriegführung. Sie will aus der Sicht des Herzogs Moritz die Niederlage von Rochlitz erklären, Elisabeth belasten und zugleich das Vorgehen gegen sie rechtfertigen. Das Ausgabebüchlein, das Elisabeth seit Sommer 1539 getreulich führte und das selbst persönliche Ausgaben vermerkt, z. B. »1 fl vor spelt« (1 Gulden verspielt; beim Schach), enthält nicht den geringsten Hinweis auf eine Hochzeit. Die Mär wurde bereitwillig geglaubt, wie ein zeitgenössischer Wandteppich mit einer Darstellung der Rochlitzer Hochzeit zeigte. Dieser seit 1945 verschollene Teppich gehört zu den Kriegsverlusten des Berliner Schlossmuseums. Die Herzogin hat die Stadt auch nicht vor, sondern unmittelbar nach der Schlacht verlassen. Trotz strenger Überwachung durch die kaiserliche Besatzung war es ihr tatsächlich gelungen, eine Nachricht mit einem Frachtwagen in das kurfürstliche Lager nach Altenburg zu übermitteln. Diese Nachricht könnte den Kurfürsten in seinem Vorhaben, zum Angriff überzugehen, bestärkt haben, denn drei Tage später war er in Rochlitz. Der Kurfürst dürfte außerdem über eigene Kundschafter verfügt haben. Dass kurz zuvor Colditz besetzt und das Schloss geplündert worden war, wird er gewusst haben.

Wandtresor aus dem 1719 abgebrochenen Unterschloss, 16. Jahrhundert

Die Rochlitzer Örtlichkeit und wohl auch die entscheidende Furt bei Sörnzig kannte Johann Friedrich, der oft genug von Colditz aus zur Jagd bei der Herzogin gewesen war, wahrscheinlich aus eigener Anschauung. Im Übrigen war es allgemeiner Kriegsbrauch, ortskundige Einwohner aufzugreifen und unter Lebensgefahr zum Führerdienst zu zwingen.

Noch am 2. März verließ Elisabeth das Kampfgebiet und zog nach kurzem Aufenthalt in Altenburg weiter nach Schloss Dornburg (Schloss und Amt Dornburg, Schloss und Amt Camburg mit den Städten Dornburg und Camburg), das sie am 17. Juli 1543 mit Herzog Moritz gegen Kriebstein getauscht hatte. Am 24. März traf sie in Kassel ein. Ihr Bruder übergab ihr für die 15 000 Gulden, die sie ihm geborgt hatte, den hessischen Teil der Herrschaft Schmalkalden mit dem Hessenhof als Wohnsitz. Am 2. November 1548 zog sie in Schmalkalden ein. Von Kurfürst Moritz, der sie nach der Niederlage des Schmalkaldischen Bundes bei Mühlberg nicht wie eine nahe Verwandte – sie war seine Cousine und zugleich die Schwester seines Schwiegervaters –, sondern folgerichtig als feindliches Bundesmitglied behandelte, war zunächst nichts, dann nur schrittweise eine Entschädigung für ihr eingezogenes Wittum zu erreichen. Die Summe wurde später von Kurfürst August auf jährlich 9000 Gulden erhöht, dafür musste sie aber auf ihr Wittum endgültig verzichten. Herzogin Elisabeth starb am 6. Dezember 1557 im 56. Lebensjahr und wurde wunschgemäß in der Elisabethkirche zu Marburg, der Grabeskirche ihrer großen Ahnfrau, beigesetzt, wo sich auch ihr Grabmal aus rotem Buntsandstein erhalten hat.

Staatsgefangener Professor Dr. Caspar Peucer, Prinzessin Anna von Oranien, Herzogin von Sachsen

Ende 1575 wurden im Schloss abermals Vorbereitungen zur »Residenz« einer Fürstin getroffen, aber vergeblich, wie sich bald herausstellen sollte. Zur gleichen Zeit, seit 1574, hatte man Dr. Caspar Peucer (1525-1602), einen großen Gelehrten und Humanisten, kurfürstlichen Leibarzt, Professor der Universität Wittenberg und Schwiegersohn Philipp Melanchthons mit Frau und Kind im Obergeschoss des Südflügels untergebracht. Der in Ungnade gefallene Peucer war angeblich ein Kryptokalvinist. So bezeichnete man diejenigen, die wie Melanchthon für ein tolerantes Luthertum auf humanistischer Grundlage eintraten. In Wittenberg galt der in Bautzen gebürtige Sorbe Peucer als Prorektor aller in Wittenberg studierenden Slawen. Er verwaltete in acht Semestern das Dekanat und war dreimal Rektor der Universität, deren Ausstrahlung vorwiegend nach Osten und Südosten ging. Als kurfürstlicher Leibarzt hatte Peucer alle medizinischen Drucke zu begutachten und Oberaufsicht über die gelehrten Schulen auszuüben. Mit der Verhaftung des bekannten Mannes wollte Kurfürst August in der Universitätsstadt Wittenberg wohl ein Exempel statuieren; ihn persönlich hat er aber mit weitgehender Rücksicht behandelt.

Professor Dr. Caspar Peucer, kurfürstlicher Leibarzt, Schwiegersohn Philipp Melanchthons, Kupferstich

Der Professor lebte auf Schloss Rochlitz in ritterlicher Haft. Er konnte sich frei bewegen, auf dem Markt einkaufen, mehrfach in der Stadt Pate stehen, wissenschaftlich arbeiten und praktizieren. Die Wendung in den Rochlitzer Amtsrechnungen »und den Seinen etliche Gemach im Schlosse eingeräumt« lässt vermuten, die Eheleute Peucer könnten mit mehreren jüngeren Kindern – die älteren waren bereits aus dem Haus und zum Teil verheiratet – in Rochlitz gewesen sein. Mit der Erwähnung von

»Herzoginstube« und »Kellerstübchen« lassen sich die Räume genau bestimmen. Sie gehörten wegen der sonnigen Lage zu den bevorzugten Räumlichkeiten, die einst die Herzoginwitwe Elisabeth bewohnt hatte.

Die Herzoginstube gibt es noch. Sie besaß zwei raumbestimmende Erker, von denen der hofseitige erhalten ist. Der um 1801 abgebrochene Erker zur Südseite über dem ehemaligen Brunnenhaus muss eine Raumtiefe von etwa drei Metern besessen haben. Eindeutig bestimmbar ist auch das Kellerstübchen. Mit insgesamt 45 Meter Länge war das eine wahrhaft standesgemäße Zimmerflucht. Sie lag mit Ausnahme des über der »Großen Hofe Küche« zu erschließenden Küchenbereiches auf einer Ebene und war für das Ehepaar Peucer nebst Kindern und Dienerschaft – es ist etwa an zwei Mägde und einen Diener zu denken – mehr als ausreichend.

Im Dezember 1575 erhielt Peucer den kurfürstlichen Befehl, Rochlitz zu räumen und sich in das Schloss nach Zeitz zu begeben. Die freigezogenen Räume waren inzwischen für die Aufnahme einer geheimnisvollen fürstlichen Person bestimmt worden, die sich aber weigerte, nach Rochlitz zu gehen. Damit konnte Peucer vermutlich noch im Januar, jedenfalls lange vor März 1576, nach Rochlitz zurück. Hier ereilte ihn Monate später ein schwerer Schicksalsschlag. Ein Brief von ihm mit Auslassungen über das »Weiberregiment« der Kurfürstin Anna war abgefangen worden. Damit galt der Tatbestand der Verleumdung als erfüllt. Peucer wurde vermutlich im Juli 1576 nach Leipzig in die Pleißenburg gebracht und als rebellischer Untertan inhaftiert. Die Unterbringung war entsprechend. Zwischen der Rochlitzer Möglichkeit der Finsteren Jupe und der Pleißenburg bestand demnach noch ein gravierender Unterschied. Während Peucer Hals über Kopf nach Leipzig gebracht wurde, starb kurz darauf seine herzkranke Frau Magdalene Melanchthon infolge der jähen Wendung am 18. Juli 1576 in Rochlitz. Kurfürs-

»Große Hofküche«, Blick zum Herd

tin Anna konnte die ehrenrührige und doch einigermaßen zutreffende Äußerung nie verzeihen. So lange sie lebte, war für Peucer nichts zu machen.

Die schöne Mär vom »Vater« August und der »Mutter« Anna ist trotz herausragender Verdienste – Kurfürst Augusts lange Regierung brachte Jahrzehnte der Stabilität und des Gedeihens – eine romantische Brille, die uns das 19. Jahrhundert aufgesetzt hat. Erst nach zehn Jahren und günstigen Umständen kam Peucer am 8. Februar 1586 wieder frei. Kurfürstin Anna war nach siebenunddreißigjähriger Ehe gestorben. Sechs Wochen nach dem Tode der Kurfürstin verlobte sich der sechzigjährige Witwer mit der dreizehnjährigen Prinzessin Agnes Hedwig von Anhalt, die er dann wenige Wochen später auch heiratete. Diese unnatürliche Ehe, die so ganz die Gefühlskälte des bibelfesten Bräutigams offenbart, entsprach wohl der Situation des alternden Königs David, der im Bett nicht mehr warm werden konnte (Könige 1, 1-4). Kurfürst August hat seine junge Frau zwar erkannt, die Therapie aber nicht lange überlebt (gest. 1586). Die Freilassung Peucers war eine Nebenbedingung des Ehevertrages, den Fürst Joachim Ernst, der Vater von Agnes Hedwig, mit Kurfürst August ausgehandelt hatte.

Wilhelm von Oranien. Gemälde von Anthonis Mor. Staatliche Kunstsammlungen Kassel, Gemäldegalerie Alter Meister

Anna von Sachsen. Tochter von Kurfürst Moritz, zweite Gemahlin Wilhelms von Oranien. Kupferstich von Jacobus Houbraken, um 1750

Die geheimnisvolle fürstliche Person, die sich im Januar 1576 so halsstarrig geweigert hatte, das für sie bestimmte Schloss Rochlitz als standesgemäßen Verbannungsort anzunehmen, war Prinzessin Anna von Oranien, Herzogin von Sachsen (23. Dezember 1544 Dresden bis 19. November 1577 Dresden), eine Nichte des Kurfürsten August. Anna kam als elfjährige Vollwaise und einziges Kind des verstorbenen Kurfürsten Moritz zu ihrem Onkel nach Dresden. Sie hat sich hier todunglücklich gefühlt und später ihre Tante, Kurfürstin Anna, wiederholt als ihre Todfeindin bezeichnet. Die Quellen reden von einem unversöhnlichen Hass zwischen den beiden Frauen. In Dresden war man froh, das schwer erziehbare Mädchen

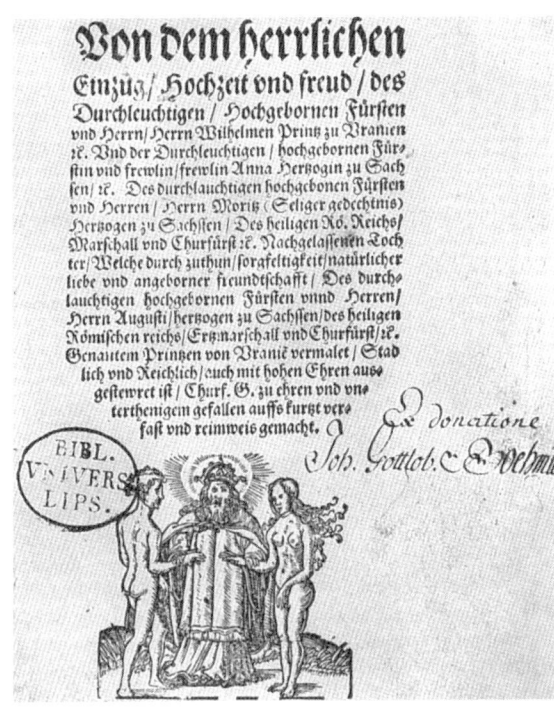

Titelblatt einer zeitgenössischen Schrift über die Hochzeit Wilhelms von Oranien mit Anna von Sachsen 1561 in Leipzig. Universitätsbibliothek Leipzig

durch eine frühe Verheiratung los zu werden. Mit einer Mitgift von 100 000 Talern galt sie als eine reiche Partie. Dennoch hat Anna ihrem Onkel misstraut und sich durch die Regelung der Mitgift benachteiligt gefühlt. Die Hochzeit mit dem Prinzen Wilhelm von Oranien - seine erste Gemahlin Anna von Egmont zu Buren war 1558 gestorben - wurde 1561 im Leipziger Rathaus mit ungeheurer Pracht gefeiert. Dem Fürsten ging es um eine möglichst reiche Heirat, um eine Rangerhöhung seines Hauses und - kommende Schwierigkeiten voraussehend - um einen möglichen Bündnispartner. Letzteres sollte sich nicht erfüllen. Anna war, wie so viele fürstliche Frauen, nur Heiratsobjekt. Die siebzehnjährige Frau, erzogen am orthodox-lutherischen Hofe in Dresden, sollte fortan im leichtlebigen Breda einem Haushalt von 256 Personen vorstehen. Mit ihrem unglücklichen Temperament und ihrer abweisenden, unverbindlichen Art war Anna dieser Aufgabe in keiner Weise gewachsen. Bereits in Dresden hatte es durch ihr herrisches und verletzendes Wesen Schwierigkeiten mit dem Personal gegeben, niemand wollte bei ihr aushalten. Die Ehe war von Anfang an gestört. Annas krankhafte Streitsucht machte das Zusammenleben zur Hölle. Bereits 1564 bezeichnete man sie als Xanthippe und ihre Schwägerin Katharina von Schwarzburg berichtete: »Es wird je länger, je ärger mit der Pershohnen, und noch allerlei, was ich nicht schreiben darf.«

Als die Spanier unter Herzog Alba die Niederlande besetzten und Wilhelm von Oranien, für dessen politisches Wirken Anna nie Verständnis gezeigt hatte, zum gehetzten Flüchtling wurde, der sich selbst bei seinem Schwager in Schwarzburg und Sondershausen nicht sicher fühlte, kam es zum endgültigen Bruch. Anna fand nach der Flucht aus den Niederlanden in Köln in einem alten Patrizierhof, dem Rinkenpfuhl, Unterkunft. Auf dem gleichen Grundstück wohnte der Rechtsgelehrte und Handelsherr Dr. Jan Rubens aus Antwerpen mit Familie und Dienerschaft. Er verfügte über weit reichende Beziehungen und korrespondierte in fünf Sprachen. Die Kölner Ratsboten nannten ihn Herr von Rubens. Er wurde Rechtsberater der Prinzessin in ihrer Streitsache mit Herzog Alba, um aus dem beschlagnahmten oranischen Vermögen die Güter frei zu bekommen, die zu ihrer Morgengabe gehörten. Auf einer Reise nach Kassel unterlag Rubens der Verführung der Prinzessin. Der doppelte Ehebruch blieb nicht verborgen. Anna gebar am 22. August 1571 in Siegen eine Tochter, die den Namen Christine von Dietz erhielt. Sie wurde gemeinsam mit den Kindern Oraniens von der Großmutter in Dillenburg erzogen und später mit einem Adligen verheiratet.

Schon Anfang Mai 1571 war Rubens verhaftet worden und sah seinem Todesurteil entgegen. Da die Schuld allzu offensichtlich bei Anna lag, kamen dem Prinzen und seinen Brüdern, den Grafen von Nassau, ernstliche Bedenken, den bekannten Mann einfach verschwinden zu lassen, wie ihnen Kurfürst August nach altem Fürstenrecht geraten hatte.

Rubens wäre ohne seine tapfere Frau Maria Pypelinex verloren gewesen. Nach zwei Jahren gelang es ihr unter schweren Opfern und einer hinterlegten Kaution von 6000 Talern, die Haft ihres Mannes auf der Dillenburg in eine Erlaubnis, in Siegen zu leben, umzuwandeln und ihn nach insgesamt elf Jahren und weiteren Opfern endgültig frei zu bekommen. Die reiche Kaufmannstochter aus Antwerpen hatte Glück, dass die Grafen von Nassau, die im Kampf für die Niederlande einen hohen Blutzoll gezahlt – drei Brüder und drei Neffens Oraniens waren im Kampf gefallen – und ihr kleines Land finanziell völlig erschöpft hatten, sich ihren Zorn stückweise abkaufen ließen. In der nassauischen Stadt Siegen, in einem Haus am Markt gegenüber dem Rathaus, wurde den wiedervereinigten Gatten am 28. Juni 1577 als sechstes Kind Peter Paul Rubens geboren, der als begnadeter Maler den Ruhm der republikanischen Niederlande in die Welt tragen sollte.

Anna wurde von 1572 bis 1575 auf Burg Beilstein in fürstliche Verwahrung genommen. Sie verfiel nun zusehends der Trunksucht und geistigen Verwirrung. Deutliche Spuren von Geisteskrankheit hatte es bereits in den ersten Jahren der Ehe gegeben. 1572 wurde über das unmäßige Trinken berichtet, »daraus dan ein solch unsinnig leben volget ... , wo daran nicht guthes insehens verordnet wurdt, keines guthen ends zu verhoffen ist«. Es ist fraglich, ob ihr die armseligen und leidvollen letzten Jahre erspart geblieben wären, wenn Kurfürst August, geplagt von vorwiegend finanziellen Bedenken, sich sofort hätte entschließen können, die Nichte nach Sachsen zurückzuholen.

Wilhelm von Oranien hatte im Juni 1575 seine dritte Ehe mit einer armen entlaufenen Nonne, Prinzessin Charlotte von Bourbon, geschlossen. Sie war in allem das Gegenteil von Anna, in jeder Beziehung eine ebenbürtige, warmherzige Lebensgefährtin, die sich voll mit ihrem Mann identifizierte.

Mitte November 1575 erhielt Wolf von Bose, Hauptmann von Zeitz, den Befehl, die Prinzessin von Beilstein nach Rochlitz zu bringen. Am 19. Dezember konnte die traurige Fahrt endlich beginnen. Als Anna am 10. Januar in Schulpforta das Ziel der Reise erfuhr, geriet sie in maßlose Raserei: Man könne sie in Stücke reißen, nach Rochlitz gehe sie nicht, man solle nicht die Herzogin von Rochlitz aus ihr machen, überallhin wolle sie folgen, aber nach Rochlitz unter keinen Umständen. Am nächsten Tag war man in Zeitz. Wolf von Bose berichtete: Anna weigere sich, man möge mit ihr machen, was man wolle. Sie sei heute dreimal vor ihm auf die Knie gefallen, habe die Hände aufgehoben und um Gottes Willen gebeten, sie nicht mit Gewalt nach Rochlitz zu bringen. Nichts helfe, Anna zu bewegen, gutwillig nach Rochlitz zu gehen. Das Gespenst der Herzogin von Rochlitz schrecke sie zu sehr. Als Elfjährige hatte Anna die Herzogin Elisabeth von Rochlitz 1555 in Weimar, anlässlich der Hochzeit ihrer Mutter Agnes mit Herzog Johann Friedrich, dem ältesten Sohn des gestürzten ernestinischen Kurfürsten, kennen gelernt. Elisabeth hatte diese zweite Ehe der Witwe des albertinischen Kurfürsten Moritz aus dynastischen Gründen mit besonderem Eifer betrieben. Hasste Anna ihre Großtante Elisabeth, weil ihre Mutter diese Hochzeit nur um ein halbes Jahr überlebt hatte? Das Verhältnis der Mutter zu Elisabeth von Rochlitz, der Schwester ihres Vaters Philipp von Hessen, war häufig Anlass des Streites der Eltern gewesen. Die Mutter hatte ihre Tante Elisabeth gründlich gehasst. Auch die Schwägerin und Freundin der Mutter, die leichtfertige und bedenkenlose Sidonie,

Schwester von Herzog Moritz und spätere Herzogin von Braunschweig-Kalenberg, die großen Einfluss auf Annas Mutter ausgeübt hatte, konnte die Herzogin von Rochlitz nicht ausstehen. Ihrem Einfluss war zweifellos auch Anna ausgesetzt gewesen, denn sie hatte von Breda aus mit ihrer Tante Sidonie im Schriftwechsel gestanden. Die beiden jungen Frauen waren eifersüchtig auf Elisabeth, weil Herzog Moritz mit seiner älteren Cousine alles Wichtige besprochen hatte, mit ihr scherzte und fröhlich war. Die tiefe Abneigung der politisch uninteressierten, aber neugierigen und ganz im Privaten aufgehenden Frauen gegen die politisch agile, umtriebige und erfolgreiche Herzogin muss sich im stärksten Maße auf Anna übertragen haben, so dass ihr Schrecken und Entsetzen, nach Rochlitz gebracht zu werden, so wahnsinnige Furchtvorstellungen auslösen konnten, in denen die Herzogin geradezu die Züge eines Schreckgespenstes annahm. Anna blieb in Zeitz.

Anfang Dezember 1576 wurde ihre Überführung nach Dresden angeordnet, wo sie abends am 22. Dezember eintraf. Sie erhielt im Schloss Stube und Kammer mit vergitterten und teilweise zugemauerten Fenstern. Zwei Wächter mussten abwechselnd Wache halten und gegebenenfalls den zugeordneten Mägden Hilfe leisten. Kurfürst August ließ einen Geistlichen anstellen, »der sie teglich durch ein fensterlein (in der Türe) do ir die speys und trank gereicht werde, Irer begangenen sünde mit Vleiss erinnere«. Im Juli wurden Symptome erwähnt, die auf einen Gebärmutterkrebs schließen lassen. Am 18. Dezember 1577 kam der Tod als Erlöser. Anna erhielt eine namenlose Ruhestätte im Dom zu Meißen, der alten, im Gegensatz zu Freiberg aber bereits antiquierten Grablege der Wettiner, »zur rechten seiten, wenn man auss der kirch in die fürstencapelle gehen will«. Die Beisetzung erfolgte mit Glockengeläut, aber ohne Teilnahme der Familie.

Da niemand den Nachlass der Prinzessin haben wollte, wurden die versiegelten Räume auf Veranlassung der

Kurfürstin Anna nach anderthalb Jahren geöffnet, die »elende verlassenschaft« genau inventarisiert und ihrem Onkel nach Kassel geschickt. Landgraf Wilhelm sandte das unerwünschte Erbe nach Dillenburg, wo die überraschten Räte in Abwesenheit ihrer Herren den Nachlass in Gegenwart seines Beauftragten mit dem Inventar vergleichen und den Empfang am 24. September 1579 bestätigen mussten. Damit schließt die letzte Nachricht über ein erschütterndes Frauenschicksal, das zugleich ein trauriges Stück Kulturgeschichte darstellt.

Das düstere Geschehen um die Prinzessin wirft ein bezeichnendes Licht auf die Umgangsformen des hohen Adels dieser Zeit. An ihrem traurigen Los trug Anna gewiss weitgehend selbst Schuld. Als Kind zahlreicher Verwandtenehen der nächsten Vorfahren war sie zweifellos erblich belastet und hätte schon auf Grund ihres unverträglichen Charakters besser nicht heiraten dürfen. Sie war ein Spielball in den Händen mächtiger und eigennütziger Fürsten. Landgraf Wilhelm sagte von ihr, »das wir sie schier die ellendste vnd vnglückseligste vnder anderen je geborenen fürstlichen Kindern nennen mogen, fast mitleidenlich zuuernehmen ...«. Ihr armseliges Leben in den letzten Jahren sollte das grausame Bibelwort von der Schuld der Väter in erschütternder Weise bestätigen.

Kurfürst Christian I. von Sachsen und Kurfürstin Sophie

Der bereits unter Kurfürst August mit Regierungsaufgaben betraute Kurprinz Christian war mit Sophie, einer Tochter des Kurfürsten Johann Georg von Brandenburg, verheiratet, zu deren Wittum die Ämter Borna, Rochlitz, Colditz, Waldheim und Leisnig bestimmt wurden. Die feierliche Erbhuldigung der Stände aus den fünf Ämtern erfolgt 1583 auf Schloss Rochlitz.

Als erste Baumaßnahme Kurfürst Christians I. (1560/ 1586-1591) lässt sich 1586 der »Reisigen Stall« zwischen den beiden Türmen nachweisen. Das Gebäude enthielt Stallung für acht Reisigenpferde – das Wort Reise bedeutete ursprünglich Kampf –, das waren ausgebildete Pferde, deren besonderer Wert erst aus der Kenntnis der Kampfweise verständlich wird: Der »moderne« Reiterkampf wurde durch einen Schusswechsel aus den am Sattel mitgeführten Reiterpistolen eröffnet. Die Pferde waren so dressiert, dass sie nach dem Abschuss der beiden Pistolen selbstständig mit dem toten oder lebenden Reiter zur Ausgangsstellung zurückkehrten. Erst nach dem Laden der Pistolen, abermaligen Vorritt und Abschuss wurde der Kampf mit der Blankwaffe fortgesetzt. – Der Reisigenstall steht gewissermaßen am Anfang eines größeren muldenländischen Programms des Kurfürsten, der eine Vorliebe für Jagd und edle Pferde entwickelte. Beeindruckend sind noch heute die Stallbauten in Dresden mit der berühmten Reitertreppe.

Christian I. ließ Schloss Rochlitz 1588/89 durchgreifend modernisieren, um sein großes Jagdrevier um Mügeln, Leisnig, Colditz und Rochlitz, das 1588 und 1590 durch den Ankauf der Herrschaften Waldheim und Geringswalde wesentlich erweitert worden war, zeitgemäß nutzen zu können. Gleichzeitig begannen großangelegte

»Rote Stube« im Fürstenhaus nach der Freilegung der illusionistisch bemalten Lehmschlagdecke von 1588/90

Um- und Neubauten an den weitläufigeren Schlössern Colditz und Waldheim, die als Mittelpunkte großer Hofjagden ausersehen waren. Die relativ schnell auszuführenden Bauvorhaben in Rochlitz waren als eine Art Zwischenlösung gedacht. Sie bestanden neben einer Vielzahl kleinerer Maßnahmen vor allem aus dem Umbau des spätgotischen Saales im zweiten Obergeschoss des Fürstenhauses. Aus dem etwa 30 Meter langen und knapp sieben Meter hohen Saal entstand durch Einziehen von Decken und Wänden ein repräsentativer Wohntrakt mit vier großen Räumen und einem hofseitigen Korridor. Die neuen Räume bildeten zwei Wohneinheiten, so genannte Gemächer, jeweils aus Stube und Kammer bestehend, von denen sich die westliche oder »Rote Stube« relativ gut erhalten hat. Sie besitzt eine Lehmschlagdecke mit dünnem Kalkputz und einer illusionistischen Kassettenmalerei auf rotem Fondton. Von der ehemaligen Wandverkleidung konnten wesentliche Teile eines architektonisch gegliederten und bemalten Wandpaneels geborgen werden.

Im Fensterbereich der beiden Kammern ist noch ablesbar, dass der Bauvorgang in einer Weise geschah, die wir heute »gleitende Projektierung« nennen. In die alten Fensteröffnungen waren bereits die neuen, niedrigeren Leibungsbögen eingezogen, die neuen gekoppelten Fenstergewände eingebaut und auch die neue Raumaufteilung längst ausgeführt, als es galt, noch neue unabdingbare Wünsche zu berücksichtigen. Statt der an anderer Stelle befindlichen, auf Konsolsteinen auskragenden Aborte erhielt jetzt jede Kammer einen in der alten Fensteröffnung angeordneten »modernen« Abort, wobei die neue Fensteröffnung und die gekoppelten Fenstergewände zwangsläufig kleiner ausfallen mussten. Eine in die Außenwand eingespitzte Schlotte verband den Abort mit einer Grube im Zwinger.

Der an die »Rote Stube« anschließende Nordwehrgang erhielt eine neue Funktion, er verband jetzt die fürstlichen Wohnräume mit dem neuen Badehaus. Das Riegelwerk des 1588 erneuerten Wehrganges besitzt einen Zug ins

Nordwehrgang mit Anschluss an das Fürstenhaus

Winterbild der Schlosstürme mit oberem Graben, Obertor und westlicher Burgfront

Luxuriöse, bot doch seine ungewöhnlich hohe, ausgefachte Brüstung einen gewissen Wind- und Sichtschutz, wenn die kurfürstliche Familie aus den Wohnräumen des Fürstenhauses hinüber ins Bad ging. Das am westlichen Ende des 40 Meter langen Wehrganges außen vor die Wehrmauer gesetzte und um 1800 abgebrochene Badehaus war ein etwa 15 Meter hoher kühner Erker, im Erdgeschoss massiv und vom Hof her als Arrestzelle genutzt, oben in mehreren auskragenden Etagen in Fachwerk ausgeführt. Der oberste Raum enthielt die »Badestube«, wohl eine Art Sauna. Sie war getäfelt, besaß »Schwitzbänke« und »etliche hizschen«. Hofseitig davor entstand ein kleines, zweigeschossiges Fachwerkgebäude mit Pultdach, die »Frohn-Veste«. Von dieser Dienstwohnung aus erfolgte die Bedienung der Badestube.

Zu den Baumaßnahmen von 1588/89 gehörte auch der im Winkel von Palas und Kellerhaus plazierte neue Röhrbrunnen. Er ist der Endpunkt einer neu trassierten Wasserleitung, die Quellwasser von der Nordseite des höher gelegenen Bergwaldes in den Hof führt. Der Hof dürfte damals eine ungemein malerische Wirkung besessen haben. Man muss sich bewusst sein, dass den alten Baumeistern gerade durch Sparsamkeit in der Anwendung der Gestaltungsmittel das wirklich Eindrucksvolle gelang. Der hohen weißen Wehrmauer mit dem geschwärzten Fachwerk stand der kleine, um 1800 im Oberteil gestutzte Wendelstein mit geschweifter welscher Haube, Knopf und Wetterfahne gegenüber, und in diesem Gegensatz, der durch Farbe noch erhöht wurde, lag eine ganz besondere künstlerische Wirkung. Offenbar wurde damals das gesamte Schloss weiß getüncht.

Diese nordwestliche Hofecke ist überhaupt ein Kabinettstück feudaler Lebensformen. Zur genannten Badestube und der darunter gelegenen Arrestzelle kam oben im Turm der Stundenschlag der Uhr und die Türmerwohnung der neu gegründeten, aus vier Kunstpfeifern und Lehrlingen bestehenden »Stadtpfeiferei«. Vom 1588 erbauten Balkon, der »Auslade«, erklangen fröhliche Weisen, in der »Marterkammer« stöhnten die Delinquenten unter der Folter, die bis 1770 in Sachsen zur juristischen Praxis gehörte, und nebenan stampften edle Pferde in ihren Boxen. Im Verlies, sechs Meter unter dem Hof, klirrten die Beineisen der Gefangenen. Zu den Verliesen in den beiden Türmen, deren Eigennamen »Lichte und Finstere Jupe« in späterer Zeit auf die beiden Türme übertragen wurden, gab es ein Bonmot; der 1568 verstorbene Rochlitzer Bürgermeister und Chronist hat es aufgezeichnet: »Diese Thürme sind unsern Meißnischen Junckern auch wohl bekannt. Man nennet sie die Rochlitzer Jupen: Wer sie an hat, der erfreuret nicht, so fressen ihn auch die Wölffe nicht.« Das Witzwort macht auf den unübersehbaren, tiefsitzenden Adelshass der Bürger aufmerksam, der durch vielfache konkrete Erfahrungen genährt wurde. Der Bürger war stolz, dass hier der Kurfürst gelegentlich auch einige »Junkerlein« oder »Scharrhansen« festsetzte.

Eingangsgeschoss der »Finsteren Jupe« mit der ehemaligen Folterkammer und dem »Angstloch« im Fußboden

Kurfürst Christian I. hatte eine solide Erziehung erhalten, die auch eine künstlerische Ausbildung einschloss. Sein Perspektivbuch mit 55 Zeichnungen wird in Dresden verwahrt. Als achtzehnjähriger Kurprinz wurde er auch in der Kunst des Elfenbeindrechselns ausgebildet, war doch sein Vater ein ausgesprochen ambitionierter Drechsler. Diesem fürstlichen Interesse verdankt das Grüne Gewölbe seine rund 250 Elfenbeinarbeiten, die größte Spezialsammlung Europas. Die kurze, aber historisch außerordentlich wichtige Regierungszeit Kurfürst Christians I. bildet einen Markstein der sächsischen Geschichte, verbunden mit weit reichenden wirtschaftlichen Entscheidungen, einer außenpolitischen Umorientierung und prägnanten theologischen Auseinandersetzungen.

Als Christian I. 1591 starb, stand sein bürgerlicher Kanzler, der Kalvinist Dr. Nikolaus Krell, ohne Rücken-

Kurfürst Christian I. Gemälde von
Zacharias Wehme, nach 1591
Gemäldegalerie Alte Meister, Dresden

deckung da. Er wurde wenige Tage später auf Betreiben des rachsüchtigen Adels verhaftet und auf den Königstein gebracht. Für den Kanzler war 1588 im Erdgeschoss des Palas, gegenüber dem Fürstenhaus, eine »Canzleystube« eingerichtet worden, die ihm ein ungestörtes Arbeiten ermöglichte, wenn der kurfürstliche Hof in Rochlitz weilte. Die Anklage gegen ihn stand auf so schwachen Füßen, dass ihn die Justiz zehn Jahre auf seinen höchst unfairen Prozess warten lies. Er wurde am 9. Oktober 1601 vor dem Stallhofgebäude in Dresden (heute Verkehrsmuseum) hingerichtet. Ein Pflasterstein ist hier mit »Kr« gekennzeichnet.

Die unter dem Kanzler Dr. Nicolaus Krell eingeleitete Verwaltungsreform lief auf eine frühabsolutistische Staatsgewalt und eine Beschränkung der Stände, insbesondere des Adels, hinaus.

Nach dem frühen Tod Kurfürst Christians I. erhielt die Kurfürstinwitwe Sophie (1568–1622) Rochlitz als Witwensitz. Zum Wittumsgebiet, das 1581 festgelegt worden war, gehörte das Amt Rochlitz (mit den Städten Rochlitz, Geithain, Geringswalde, Mittweida), das Amt Waldheim (mit den Städten Waldheim und Hartha), das Amt Colditz (mit den Städten Colditz und Lausick) sowie die Ämter Leisnig und Borna (mit den gleichnamigen Städten). Schloss Rochlitz wurde 1591 bis 1602 Sitz der Wittumsregierung und Residenz. Sophie verlegte die Residenz nach Colditz, während die Schlösser Rochlitz und Waldheim 1602 bis 1611 als Nebenresidenzen dienten. Die Wittumsregierung für die fünf Ämter stand unter der Leitung des Kanzlers Johann Benedikt Carpzow. Er wurde zum Stammvater einer großen Gelehrtendynastie.

Wenn die umfangreiche Hofhaltung nach Rochlitz oder Waldheim umzog, war das mit großen Umständen verbunden. Es gab gesonderte Wagen für die Kurfürstin, die Fräuleins, die Frauenzimmer (die Hofdamen), die Kammermägde, für den edlen Rat, den gelehrten Rat, den Hofrat, für Kammermeister, Sekretär, Predikant und Leibarzt, für Koch, Mundschenk und Silberkutscher, einen Bettwagen, einen Kastenwagen, einen Küchen- und Kellerwagen und ein Apothekerwäglein. Zu den meisten dieser Wagen gehörten zwei Kutscher, zu einigen außerdem ein Beiläufer. Drei Knechte begleiteten die von vier Eseln getragene Sänfte der Kurfürstin.

Zum Hofhalt gehörte auch der Hofnarr Hans. War er zu vorlaut gewesen, musste er seine Arrestzelle »Hanßens Gemach« beziehen, einen original erhaltenen winzigen Raum unter dem Großen Wendelstein des Fürstenhauses.

Sophie war eine starke Persönlichkeit, launisch und berechnend überraschte sie ihre Untertanen mit diversen allerhöchsten Einfällen. Schlehen und andere Wildfrüchte waren für die Hofküche zu liefern, selbstverständlich unter dem Marktwert, dann wieder Bienenwachs für einen festgelegten Vorzugspreis, womit sie geradezu einen Streik der Imker des Rochlitzer Amtes auslöste. Laut Mandat vom 8. Oktober 1595 mussten die Steinbrecher und Steinmetzen unter strengster Strafandrohung das in den Steinbrüchen des Rochlitzer Berges vorkommende Steinmark sammeln und abliefern. (Steinmark ist ein Zersetzungsprodukt der Feldspatkristalle im Porphyrtuff und chemisch mit Kaolin identisch.) Es galt als unentwickeltes, wachsendes Gold. Das Mandat wurde am 16. Februar 1601 wieder aufgehoben. Offenbar ließ sich Steinmark doch nicht in Gold verwandeln. Es galt auch als ein probates Mittel gegen die Pest, was freilich nicht verhinderte, dass der Leibarzt der Kurfürstin, Stadt- und Amtsphysikus Dr. Christian Person, der diese These vertreten hatte, selbst an der Pest starb.

Die Kurfürstinwitwe pflegte kostspielige, luxuriöse Neigungen. Sie war eine schmuckfreudige Frau und eifrige Förderin des Kunsthandwerks. Als erste sächsische Kurfürstin besaß sie eine eigene Kunstkammer. Vieles davon

Der Engel mit kurfürstlich-sächsischem Wappen befand sich ursprünglich auf dem Renaissance-Hauptportal der Rochlitzer Lateinschule, die 1595 mit Fördergeldern der Kurfürstinwitwe Sophie gebaut worden war.

befindet sich heute in den Dresdner Sammlungen. Überaus kostbare Arbeiten aus ihrem Besitz, z. B. ein gerahmter Epitaphspiegel des Lüneburger Goldschmiedes Dirich Utermarke, eine der schönsten Schöpfungen der deutschen manieristischen Goldschmiedekunst, 1592 erworben und bereits vor 1610 an die Kunstkammer (seit 1832 Grünes Gewölbe) abgegeben, sind überkommen. Von ihrem märchenhaften Kleinodienschatz hat sich kaum etwas erhalten, dafür stammt fast der gesamte Frauenschmuck des Grünen Gewölbes aus ihrem Nachlass. Kostbar gearbeitete Kinderharnische aus Augsburger Werkstätten, ein blausamtener Sattel mit Elster-Perlen-, Silber- und Goldstickerei, Weihnachtsgeschenke für ihre Söhne, blieben erhalten. Als Weihnachtsgeschenk für den Kurfürsten ließ sie 1591 zwölf gebläute und prächtig verzierte Harnsche in Augsburg fertigen, davon befinden sich heute vier in Dresden und einer im Londoner Tower. Sie beschäftigte ein Heer von Hofschneidern, »Gewandausteilern, Seidenstückern, Posamentierern und Kleppel-Mägdlein«.

Die nach ihr benannte, 1963 abgebrochene Dresdner Sophienkirche verdankte ihr eine durchgreifende Erneuerung und den Altar (1606) von Nosseni. Sie finanzierte die Erneuerung der Colditzer Stadtkirche (1598), den Bau der Waldheimer Schlosskirche (1601) mit dem Altar von Nosseni (1594) und beteiligte sich gemeinsam mit der Familie von Bünau 1594/95 an den Kosten der bemalten Holzdecke der Kirche in Geithain. Auch den Neubau der Rochlitzer Lateinschule 1595 finanzierte sie maßgeblich mit. Von deren 1876 abgebrochenen Renaissance-Hauptportal, das eine gewisse Ähnlichkeit mit dem prachtvollen Portal der Colditzer Schlosskapelle gehabt haben dürfte, sind nur die beiden bekrönenden Standfiguren, zwei schildtragende Engel mit dem kursächsischen und dem brandenburgischen Wappen, erhalten geblieben.

Eine Unterstützung erhielt 1602 auch der unverschuldet in Not geratene Geistliche Georg Kühn, 1600 bis 1607

Diakon zu St. Petri in Rochlitz. Sie schenkte ihm 80 Gulden aus der Rochlitzer Amtskasse, mehr als sein jährliches Einkommen. Diese bigotte Generosität sticht merkwürdig ab von der knausrigen Behandlung der Stadtpfeifer, denen sie unter fadenscheiniger Begründung die jährliche Unterstützung von 30 Talern 1591 entzog, später wieder bewilligte und 1602 endgültig entzog. Als dann der Rat der Stadt neben der Einrichtung neuer Diensträume auf dem städtischen Obertor auch die Subventionierung übernommen hatte, war sie so freundlich, sich die Stadtpfeifer »auszuleihen«, so 1603 zur Aufwartung ins Schloss nach Waldheim.

Sophie empfing gelegentlich auch fürstliche Gäste, z. B. 1610 ihren Ex-Schwager Herzog Johann Casimir von Sachsen-Coburg, der 1586 eine Schwester von Kurfürst Christian I. geheiratet hatte. Dem hohen Besuch widmete der Rochlitzer Rektor der Lateinschule und Komponist Andreas Gaßmann (etwa 1566–1626) eine kürzlich im Staatsarchiv Coburg wiederentdeckte Motette »Harmonia gratulatoria«. Der vermutlich in der Petrikirche aufgeführte achtstimmige Chorsatz auf einen lateinischen Text war wohl anschließend dem Herzog in der Hoffnung auf eine gnädige Zuwendung überreicht worden. Die Petrikirche diente seit 1588 als »Schlosskirche«. Seitdem verband ein erst 1850 abgebrochener überdachter Brückengang die kurfürstliche Herrschaftsempore mit dem Unterschloss.

Obwohl ihr großer Hofstaat bis 1611 ständig zwischen Colditz, Waldheim und Rochlitz pendelte, hat Sophie in Rochlitz nichts Nennenswertes gebaut, dafür aber in Colditz und Waldheim begonnene und geplante Bauten zum Abschluss gebracht.

Der merkwürdigste Bau in Rochlitz war 1598 ein »neuer Kuestall« am Westgiebel des Fürstenhauses, unter den Fenstern der »Roten Stube«. Nach der bereits 1558 erfolgten Verpachtung des Wirtschaftshofes war es offenbar vorteilhaft, die Kühe selbst zu halten, statt die Milch zu kaufen. Als eine ihrer ersten Maßnahmen erfolgte 1592 der Ankauf von 596 Zinngefäßen, alle gekennzeichnet mit dem kurfürstlichen Wappen, »dorinnen der Rautenkranz zu befinden«, darunter auch zwei Dutzend wappengeschmückter »Nachtschirbell«. Diese »Schieber« für die Nachtstühle wurden im »heimlichen Gemach« (Abort) entleert. Die Amtsrechnung von 1600 bringt die aufschlussreiche Mitteilung, der Abdecker habe ein »heimliches Secret« (Abortschlotte und Grube) am Fürstenhaus, »so in vielen Jahren nicht gereumet und am meisten pfleget gebraucht zu werden« geleert und dabei »eben seinem Knecht 5 Tage (!) zugebracht«.

Von 1611 bis zu ihrem Tode am 7. Dezember 1622 lebte sie in Dresden, nicht im Schloss, sondern in dem nach ihr benannten »Frau Mutter Haus« in der Dresdner Kreuzgasse, besuchte aber alljährlich ihr Wittum anlässlich der großen Hofjagden, die für das Wittumsgebiet eine bedrückende Last waren. Zur Saujagd 1609 z. B. wurden neben einer nicht genannten Anzahl »Stelleuten« (für die Netze) 400 Treiber zu Fuß und 80 Vorspannpferde aus den Rochlitzer Amtsdörfern aufgeboten. Nach dem Amtserbbuch hatten die Bauern für die Jagden insgesamt 597 Jagdfröner und 104 Zeugwagen zu stellen.

Die Kurfürstinwitwe Sophie wurde 1622 im Dom zu Freiberg beigesetzt. Ihre Grabplatte stammt aus der Freiberger Gießhütte der Hilger, während der in Gemeinschaftsarbeit von Sebastian Walther und der Hilger-Hütte erfolgte Versuch, die Figur der Kurfürstin in einen lebensgroßen Bronzeguss umzusetzen, wohl misslungen ist.

Magdalena Sibylla Reichsgräfin von Rochlitz, Mätresse Kurfürst Johann Georgs IV. von Sachsen

Für den Dresdner Hof rückte das längst abgeschriebene Rochlitzer Schloss 1693 nochmals in den Blickpunkt des Interesses. Die zweifelhafte Aufmerksamkeit war erotischer Natur. Kurfürst Johann Georg IV., der ältere Bruder Augusts des Starken, erhob seine allmächtige Mätresse Magdalena Sibylla von Neitschütz und ihre Nachkommen in männlicher und weiblicher Linie mit kaiserlichem Diplom vom 4. Februar 1693 unter dem Namen »von Rochlitz« und dem Prädikat »Hoch- und wohlgeboren« in den Reichsgrafenstand. Die Dame beschäftigte nachhaltig die Hofgesellschaft der fernen Residenzstadt. Ein Hauch der hohen Politik und des unendlichen Hofklatsches drang auch nach Rochlitz. Bei der Bestimmung des neuen Namens gab die geschichtliche Erinnerung an die einstige Residenzfunktion sowie das Wissen um die Heraldik den Ausschlag für Rochlitz.

Wappen der Magdalena Sibylla Reichsgräfin von Rochlitz

Für das neu zu schaffende Wappen der Reichsgräfin passten die drei schwarzen Rochen im goldenen Feld des Rochlitzer Amtswappens vorzüglich zum weiß-schwarz geschachteten Wappen der Familie von Neitschütz. Aus den beiden schönen alten Wappen, beide mit Bezug zum Schachspiel, schuf man im Geschmack des Barock ein vereinigtes – geviertes – Wappen mit dem Sachsenwappen als Herzschild und einem reichen Oberwappen.

Seit dem 13. Lebensjahr besaß Magdalena Sibylla ihre ersten Verehrer, die diskret zurücktraten, als sich der junge Kurprinz für sie zu interessieren begann. Nach dem Tode von Kurfürst Johann Georg III., der während des Feldzuges gegen Frankreich am 12. September 1691 in Tübingen starb, eilte der Kurprinz und alsbaldige Kurfürst sofort nach Dresden zurück und erklärte als eine seiner

Magdalena Sibylla von Neitschütz, Reichsgräfin von Rochlitz. Pastellgemälde von Rosalba Giovanna Carriera

Schlosskapelle, barocke Bekrönung mit dem kurfürstlich-sächsischen Wappen, 17. Jahrhundert

ersten Amtshandlungen Magdalena Sibylla von Neitschütz öffentlich zu seiner Favoritin. Das bedeutete Ausstattung mit einem Hofstaat und einem Palais. Es folgten etliche Landgüter, zuletzt das Rittergut Pillnitz.

Karl Ludwig von Pöllnitz, ein Abenteurer und charmanter Schriftsteller des 18. Jahrhunderts, dem allerdings spannende Erzählung über historische Genauigkeit ging, berichtet: »Johann Georg IV. folgte seinem Vater noch recht jung in der Regierung. Er war mit allen Eigenschaften ausgestattet, die ihn zum liebenswürdigsten Fürsten gemacht hätten, wenn er sich nicht sklavisch von einer herrschsüchtigen, stolzen, rachsüchtigen und übellaunigen Mätresse hätte leiten lassen, die alles ihrem Ehrgeiz und Vorteil aufopferte und der nichts heilig war. Das war Fräulein von Neitschütz, die dermaßen unumschränkt über den Fürsten herrschte, dass viele behaupteten, es stünden ihr übernatürliche Mittel zu Gebote …«

Zweifellos hätte ihre Einmischung in die Staatsgeschäfte irgendwann den Sturz der Mätresse herbeigeführt, aber so weit kam es nicht. Magdalena Sibylla wurde am 4. April 1694 in Moritzburg ein Opfer der Blattern (Pocken). Als kurz nach dem prunkvollen Begräbnis der Kurfürst, der sich im Bett seiner Mätresse angesteckt hatte, im 26. Lebensjahr starb, war man sich in Dresden einig, dass das nicht mit rechten Dingen zugegangen sein konnte. Das Gerücht sprach sehr bestimmt von einem Armband aus dem Haar des Kurfürsten, mit dem die Tote ihren Geliebten »nachgeholt« haben soll. Am 30. April 1694 erfolgte eine eingehende amtliche Untersuchung der Leiche. Tatsächlich fand man neben mehreren verdächtigen Dingen das bewusste Armband und ein Medaillon mit dem Porträt des Kurfürsten. Nachdem die Untersuchungskommission der Leiche alle kurfürstlichen Juwelen abgenommen hatte, wurde der Sarg aus der kurfürstlichen Gruft entfernt und »auf dem freyen Platz, in der Gegend des Hofbrauhauses, wo niemand die Stelle vor-

Schloss Rochlitz, Ober- und Unterschloss mit Petrikirche, Federzeichnung (Detail) von Wilhelm Schäfer, genannt Dilich, 1628

ietzo anzugeben vermag, in heimlicher Stille wiederum begraben …«.

Die Reichsgräfin ist nie in Rochlitz gewesen. Für das Schloss hatte die Nobilitierung der sächsischen Staatsmätresse keinerlei Konsequenzen. Es war ein reiner Titel. Das gesteigerte Repräsentationsbedürfnis des Barock hätte – falls beabsichtigt gewesen wäre, ihr Schloss und Amt Rochlitz zu geben – von der überkommenen Bausubstanz wohl kaum etwas erhalten. Nach den Vorstellungen der Zeit war das Schloss hoffnungslos veraltet. Ein Schloss im Zeitalter des Barock brauchte Weite, brauchte, um sich entfalten zu können, die Ebene mit Gärten, Wasserspielen und Sichtachsen.

König Karl XII. von Schweden, Christiane Eberhardine, Gemahlin Augusts des Starken, Friedrich der Große, Prinzessin Irene von Hessen

Karl XII. von Schweden. Anonymer Kupferstich

Aus Altranstädt kam Karl XII. mehrmals in Begleitung seiner Hunde und einer starken Suite hoher Offiziere nach Rochlitz herüber, um seine Soldaten zu inspizieren. 1707 tafelte er zweimal zu Mittag auf Schloss Rochlitz. Der König pflegte bei Tisch durchaus königlich zu leben, aß gern und wohl auch etwas kulturlos im Kreise seiner Generäle und trank keineswegs, wie lange angenommen, nur Wasser.

Hintergrund des Geschehens war der Nordische Krieg (1700–1721), in den sich August der Starke als König von Polen hatte hineinziehen lassen und der für Sachsen Belagerung und enorme finanzielle Belastungen brachte. Am Ende des zwanzigjährigen Krieges war zwar die Großmacht Schweden ausgeschieden, dafür gab es ein konsolidiertes Russland als neue Großmacht sowie eine weitere Schwächung und Abhängigkeit Polens vom Zarenreich.

Während der ersten Phase des Krieges waren die Schweden 1706 in Kursachsen eingedrungen und hatten das Land kampflos besetzt.

Auf Schloss Altranstädt bei Leipzig befand sich vom 20. September 1706 bis zum 1. Oktober 1707 das Hauptquartier Karls XII. Hier hatte er am 24. September 1706 seinem Vetter den Frieden von Altranstädt diktiert. August der Starke musste auf die polnische Krone verzichten und die Schweden im Lande überwintern lassen, konnte aber den Königstitel behalten. Die Besatzungskosten sollten sich am Ende auf über 35 Millionen Reichstaler belaufen. Von Gestalt schlank, fast zierlich, gab sich Karl XII. äußerst bescheiden, trug damals bereits statt der barocken königlichen Kleidung einfache und im Gegensatz zu anderen Fürsten seiner Zeit statt der üppigen Perücke sein natürliches Haar und einen einfachen Dreispitz. Damit stach er von der pfauenhaften Erscheinung seiner Generäle ab. Er war überdurchschnittlich intelligent, gebildet, willensstark, reizbar gegen jeden Widerspruch und sich seiner Rolle als absolutistischer König bewusst.

Als Achtzehnjähriger beriet er sich noch mit seinen Generälen, aber bereits ein Jahr später leitete er die militärischen Operationen selbstständig und kaum jemand aus seiner Umgebung wusste von den Plänen des verschlossenen Königs.

Zur Durchsetzung der Kontributionen und Einquartierungen, mit denen die Schweden das Land zielgerichtet zur völligen Erschöpfung brachten, bedienten sie sich der kursächsischen Ämterverwaltung. Für die schwedischen Besatzer war Schloss Rochlitz Garnisonshauptquartier geworden, dem einquartierte Truppen in den Städten Rochlitz, Geithain, Mittweida und der weiteren Umgebung unterstanden. Auch dafür übernahmen sie vorgefundene Strukturen, denn seit Einführung des stehenden Heeres in Sachsen 1682 war Rochlitz Garnisonsstadt und Sitz des Stabes. Schlosskommandant war der schwedische Oberst Sperling. An seine Kriegskasse auf Schloss Roch-

Unterschloss, Torwärterhaus

Vortor des westlichen Kammertores, 1632 erneuert

litz mussten die Kontributionsgelder aus den Ämtern Rochlitz, Rochsburg, Wechselburg, Colditz, Leisnig, Freiberg und Dresden gezahlt werden, außerdem die Kontributionsgelder aller den Ämtern zugeordneten Städte mit Ausnahme von Freiberg und Dresden.

Als die Schweden im August 1707 auf Sachsens Kosten wohlgenährt, ausgeruht, in bester Montur und Ausrüstung abrückten, zogen sie ihrem Schicksal bei Poltawa entgegen. Der Rochlitzer Chronist lobte die gute Manneszucht der schwedischen Truppen, was diese aber nach Ausweis der Kirchenbücher nicht davon abgehalten hatte, etliche kleine Schweden in Rochlitz zurückzulassen.

Um 1710 werden auf Schloss Rochlitz »königliche Gemächer« erwähnt. Sie führten ihren Namen nicht etwa auf August den Starken zurück, der offenbar nie in Rochlitz gewesen ist, sondern auf seine Gemahlin Königin Christiane Eberhardine. Sie nutzte das Schloss auf ihrer alljährlichen Badereise als Quartier. Natürlich standen diese Räume auch anderen Fürstlichkeiten offen, die sich auf der Durchreise von oder nach Dresden befanden. Solche Besuche mussten vorher angemeldet werden, um den Beamten Zeit für diverse Vorbereitungen zu geben. Dazu gehörte in der Regel auch eine Ausbesserung der Straßen, insbesondere nach der Schneeschmelze im Frühjahr.

Christiane Eberhardine, eine Tochter des Markgrafen von Ansbach-Bayreuth aus dem Hause Hohenzollern, war am 20. Januar 1693 mit dem zweitgeborenen kursächsischen Prinzen verheiratet worden. Als strenggläubige Lutheranerin litt sie unter der Mätressenwirtschaft ihres Gatten. Den geforderten Religionswechsel hat sie nie vollzogen; August musste sich 1697 ohne Königin in Polen krönen lassen. Lange sträubte sich Christiane Eberhardine, den Titel einer Königin anzunehmen. Die Eheleute lebten sich zusehends auseinander. Der Brand des Residenzschlosses in Dresden am 25. März 1701, von dem auch

Kurfürstin Christiane Eberhardine, Gemahlin Augusts des Starken. Gemälde aus der Werkstatt des Louis de Silvestre, um 1736

die Gemächer der Königin betroffen waren, gab den Anlass, die Trennung auch äußerlich zu vollziehen. Sie lebte fortan auf Schloss Hartenfels in Torgau, später in Pretzsch.

Die »königlichen Gemächer« auf Schloss Rochlitz, die Christiane Eberhardine mit kleinem Gefolge bezog, können nur ein einigermaßen zumutbares Reisequartier gewesen sein, auch wenn einige Räume mit einer seidenen Wandbespannung ausgestattet waren. Der bauliche Zustand des Schlosses war bedenklich. Die vom Dreißigjährigen Krieg verursachten Schäden konnten nur zögerlich, zum Teil erst nach Jahrzehnten behoben werden. Am Fürstenhaus z. B. wurde der durch die Belagerungen 1645 angerichtete Schaden erst 1664 repariert. Als 1712 der Amtmann Weidlich sein palaisartiges Wohnhaus in der Leipziger Straße erbaute, zog es die Königin bezeichnenderweise vor, sich künftig bei ihm einzuquartieren.

In der Zeit, in der sich Dresden von der Renaissance- zur königlichen Barockstadt entwickelte und sich die nähere Umgebung zu einer beeindruckenden Residenzlandschaft auswuchs, nahm in Rochlitz die bauliche Verwahrlosung des Schlosses, das nur noch Behördensitz war, erschreckende Ausmaße an. 1717 wurde die Brandruine des Unterschlosses, dessen gewölbte Erdgeschossräume noch im Kriegsjahr 1645 mit Notdächern gesichert worden waren, bis auf die Umfassungsmauer abgebrochen. 1738 mussten von den acht Fensteröffnungen auf dem Langen Gang des Fürstenhauses vier Fenster – »allemahl eins ums andere« – zugemauert werden, um die Erneuerung der Fenster zu sparen. Von 1789 bis 1801 erfolgte eine Reihe gravierender Abbrüche, insbesondere im Dachbereich. Als 1801 alle Fenster der Schlosskapelle und der Sakristei sowie ein Teil der Türen zugemauert wurden, um die Ersatzbeschaffung der Fenster und Türen einzusparen, war der absolute Tiefstand in der Baupflege erreicht.

Friedrich II. von Preußen. Anonymer Kupferstich (Ausschnitt)

Am 16. März 1761 stand abermals die Aufgabe, einen königlichen Gast unterzubringen, doch die Räumlichkeiten waren so hoffnungslos verwahrlost, dass König Friedrich II. von Preußen nur im Weidlich'schen Haus einquartiert werden konnte. Während des Siebenjährigen Krieges (1756–1763) brachte der König die schon von den Schweden praktizierte systematische Ausplünderung des besetzten Landes mit Wirtschaftskrieg, Zwangsrekrutierung und Münzverschlechterung zur Perfektion. Die Anmeldung des »königlichen Falschmünzers« geschah so rechtzeitig, dass der Rat der Stadt in fliegender Eile mit zwei Klafter Holz für behagliche Wärme sorgen und die Straße vor dem Haus mit zwei Fuder Schotter ausbessern konnte. Der König nahm hier mit seinem Gefolge das Mittagsmahl ein, das ihm seine vorausgeschickte Potsdamer Hofküche servierte.

Als Anfang des 19. Jahrhunderts die Verwaltung der königlichen Amtshauptmannschaft aus dem Schloss auf das Territorium der Stadt umzuziehen begann, war das – auch hinsichtlich der Beherbergung fürstlicher Gäste – eigentlich nur die administrative Regelung einer bereits vollzogenen Tatsache. Alle fürstlichen Gäste des 19. Jahrhunderts wohnten in der Stadt.

West-Ost-Schnitt durch das Oberschloss. Kolorierte Federzeichnung von Lehn, 1838

Blick aus Richtung Bastei auf Schloss und Stadt Rochlitz. Gemälde von Hammer, 1859

Am 12. April 1907 besichtigte König Friedrich August III. (1904–1918) das Museum des Rochlitzer Geschichtsvereins in der Schlosskapelle. Seine Anwesenheit war eine ganz besondere Würdigung der wissenschaftlichen Leistungen des Gründers Dr. Clemens Pfau, verbunden mit dessen Ernennung zum Gymnasialprofessor und einer Einladung zur königlichen Frühstückstafel nach Pillnitz (1912 Auszeichnung mit dem Ritterorden 1. Klasse des Albrechtsordens, die höchste Auszeichnung für wissenschaftliche Arbeiten).

Der letzte offizielle Vertreter des sächsischen Königshauses in Rochlitz war Kronprinz Johann Georg. Im Juni 1914 gehörte er als Schirmherr zu den Teilnehmern der 12. Burgenfahrt der Deutschen Burgenvereinigung, die u. a. Schloss Rochlitz, die Kunigundenkirche, Wechselburg, Rochsburg, Waldenburg und Glauchau besichtigten.

Stadtanlage und Schoss Rochlitz. Luftbild 1933

Die letzte Fürstin auf Schloss Rochlitz war Prinzessin Irene von Hessen. Sie bewohnte als Gattin des Amtsgerichtsrates Dr. jur. von Thomsen für einige Jahre – von 1935 bis etwa 1938 – die zum Amtsgericht Rochlitz gehörige Dienstwohnung im Südflügel, von der ihr bekannt war, dass sie einst zum Wohnbereich ihrer mehrfachen Urgroßtante Elisabeth und ihres Ahnherrn Dedo gehört hatte. Frau Irene war eine freundliche und umgängliche Dame, die gern mit erstaunlicher Leichtigkeit aus dem Stegreif dichtete. Die kurz vor ihrem Einzug fertig gestellte große Errungenschaft der Gerichtsdirektorenwohnung, Bad und Wasserspülklosett, nahm sie mit sichtlicher Erleichterung und einem Vers zur Kenntnis: Allhier hat gesessen Irene Prinzessin von Hessen.

Zeittafel

vor 981   In der östlichen Vorburg wird die Burgwardkirche St. Peter gegründet.

nach 925
vor 1002   Die Reichsburg kommt an die Ekkehardinger.

995   Erste indirekte Erwähnung der Burg in einer Urkunde Kaiser Ottos III.

1009   Im Erbfolgestreit der Ekkehardinger brennt die Burg ab.

1046   Aufenthalt des königlichen Hofes unter Heinrich III. Rochlitz wird Zentrum eines größeren Reichsgutkomplexes.

1068   Aufenthalt des königlichen Hofes unter Heinrich IV.

1074   Kaiser Heinrich IV. schenkt das castrum Rochelez dem Bistum Naumburg.

nach 1115   Erbauung des Wohnturmes I (ältester Profanbau in Sachsen).

1143   König Konrad III. schenkt Burg und provincia Rochelez an Markgraf Konrad I. von Meißen.

1156–1210   Herrschaftszentrum der wettinischen Grafen von Groitzsch und Rochlitz. Ausbau des Burgwards zur Grafschaft.

Um 1170   Um- und Neubau des Palas; Erbauung des Wohnturmes II.

1177   Graf Dedo V. gehört zu den zwölf Fürsten, die als Schwurzeugen Friedrich Barbarossas den Frieden von Venedig beschwören.

1210   Mit dem söhnelosen Tod Konrads II. erlischt die Rochlitzer Linie der Wettiner im Mannesstamm.

1223   Landgraf Ludwig IV. von Thüringen errichtet eine Belagerungsfestung und erobert mit einer »Blide« (Katapultgeschütz) die Burg. Spolien einer Heißluftheizung sind wohl der nach 1223 erneuerten Kemenate zuzuordnen.

1286–1291   Burg ist Residenz des Pfalzgrafen Friedrich von Sachsen-Lauchstädt.

1288   Landgraf Albrecht II., der Entartete, von Thüringen ist als Gefangener auf der Burg.

1292   Friedrich – seit 1291 Markgraf von Meißen – urkundet »Rochlitz in unsere Capellen«; Standort der Kapelle nicht bekannt.

1296–1298   Rochlitz ist wieder Reichsburg unter einer königlichen Besatzung. Pfalz- und Markgraf Friedrich findet Exil in Tirol.

1298   Durch Überrumpelung der königlichen Besatzung erobern meißnische Truppen unter dem Pfalz- und Markgrafen die Burg. Der königliche Statthalter für die Mark Meißen, Heinrich von Nassau, ein Vetter des Königs, ist Gefangener der Burg.

um 1370 Umfangreiche Baumaßnahmen unter den gemeinsam regierenden Brüdern Friedrich, Balthasar und Wilhelm (seit 1382 Markgraf Wilhelm allein) finden statt. Es entstehen: beide Türme mit Nord- und Westwehrgang, Fürstenhaus und Querhaus mit Heißluftheizung, Kapelle, die »Große Hofe Küche«, Mittel- und Obertor mit der neuen Wegeführung sowie die erste Wasserleitung.

um 1370 Im Register der Markgrafen von Meißen erscheint erstmalig die Bezeichnung »sloß« Rochlitz.

1384 Die Burg wird Gerichtsort eines überregionalen Landfriedensbündnisses mit monatlich stattfindenden Tagungen.

1403 Markgraf Wilhelm schließt auf der Burg ein Bündnis, das sich hauptsächlich gegen Böhmen richtet.

1430 Hussiteneinfall. Die Burg hält der Belagerung stand.

1436-1445 Die Burg dient als gemeinsames wettinisches Staatsarchiv

1438 Schlacht bei Brüx; 50 Hussiten kommen als Gefangene in die »Jupen«, u. a. Feldhauptmann Wilhelm von Sternberg.

1444-1471 Die Burg ist »Residenz« (standesgemäße Verwahrung) für den abgesetzten Bischof Sigismund von Würzburg.

1446 Ein politischer Affront in Rochlitz, verursacht durch den herzoglichen Rat Apel von Vitzthum, wird zum unmittelbaren Anlass des sächsischen Bruderkrieges.

1456 Junker Henning Strobart, kurfürstlicher geheimer Rat, Stadthauptmann von Halle und Magdeburg, stirbt als Staatsgefangener im Verlies der »Finsteren Jupe«.

1457 Der Prinzenhof weilt in Rochlitz; Hofmeister Hugel von Taubenheim ist verantwortlich für die Erziehung der sechzehn- bzw. vierzehnjährigen Prinzen Ernst und Albrecht.

1458 Auf der Burg verleiht Kurfürst Friedrich der Sanftmütige der Stadt Leipzig den dritten Jahrmarkt, ein entscheidender Schritt für die Entwicklung zur Messestadt.

1477 Der Prinzenhof weilt in Rochlitz, die späteren Kurfürsten Friedrich der Weise und Johann der Beständige, 14 bzw. zehn Jahre alt, werden von zwei Erziehern unterrichtet.

1477-1480 Durchgreifende Umbaumaßnahmen im Fürsten- und Querhaus. Die Kapelle erhält ihre heutige Gestalt.

1481-1501 Residenz für Herzoginwitwe Amalie von Bayern-Landshut.

1507-1510 Residenz für den Hochmeister des Deutschen Ordens Friedrich von Sachsen.

1511 Wahl des Markgrafen Albrecht von Brandenburg-Ansbach zum Hochmeister auf Schloss Rochlitz.

1537-1547 Residenz für Herzoginwitwe Elisabeth von Sachsen.

1548 Der »Lustgarthen mit einem Lusthaus« wird erwähnt.

1558 Das »Schlossvorwerk« (Wirtschaftshof) wird verpachtet; 1548 standen hier 25 Kühe, 25 Rinder und 30 Schweine.

1574-1576 Dr. Caspar Peucer, Humanist, kurfürstlicher Leibarzt, Prof. der Universität Wittenberg und Schwiegersohn Philipp Melanchthons ist als Staatsgefangener auf dem Schloss.

1576 Vorbereitungen zur »Residenz« (standesgemäße Verwahrung) für Prinzessin Anna von Oranien werden getroffen.

1587 Aus dem kurfürstlichen Vorwerk Ostra bei Dresden werden 240 gepfropfte Obstbäumchen für die Schlossgärten geliefert.

1588-1590 Durchgreifende Baumaßnahmen erfolgen unter Kurfürst Christian I., u. a. Bau einer neu trassierten Wasserleitung.

1591-1602 Residenz für Kurfürstinwitwe Sophie und Sitz der Wittumsregierung.

1602-1611 Rochlitz und Waldheim sind Nebenresidenzen von Colditz.

1609 Zur Saujagd stellt das Amt Rochlitz 400 Treiber zu Fuß und 80 Vorspannpferde.

1624 Jagdschloss unter Kurfürst Johann Georg I.; für die Hofjagden vermag das Amt bis zu 597 Jagdfröner und 104 Zeugwagen aufzubieten.

1644/1645 Das Schloss wird fünf Mal belagert und zwei Mal eingenommen (Dreißigjähriger Krieg).

1649 12. April: Die schwedische Besatzung verlässt das Schloss.

1657 Zur Erbhuldigung für Kurfürst Johann Georg II. müssen die Amtsstädte Betten und Gerät aller Art auf das Schloss leihen, da die im Dreißigjährigen Krieg verloren gegangene Ausstattung noch nicht ersetzt ist.

1664 Die am Fürstenhaus 1644/45 angerichteten Schäden werden repariert.

1693 4. Februar: Die Mätresse Kurfürst Johann Georgs IV., Sibylla von Neitschütz, wird in den Rang einer Reichsgräfin von Rochlitz erhoben

1706/1707 Das Schloss ist schwedisches Garnisonshauptquartier und eine der zentralen Einnahmestellen für die Kontributionsgelder; König Karl XII. von Schweden hat sich im Schloss einquartiert (Nordischer Krieg).

Um 1710 Das Schloss ist Reisequartier für Königin Christiane Eberhardine von Polen, Kurfürstin von Sachsen.

1717 Die baulich gesicherte Ruine des 1645 abgebrannten Unterschlosses wird abgebrochen.

1784 Das Schloss ist in einem trostlosen Zustand; Beginn der Abbrüche und der Vereinfachungen in der Dachzone.

1801 Wie bereits 1738 werden erneut Fenster und Türen zugemauert, um die Erneuerung zu sparen.

1850 Im Rahmen der Justizreform erhält das Schloss zum nunmehrigen Amtsgericht, bisher »Justizamt«, ein überregionales »Bezirksgericht«. Für beide Justizbehörden erfolgen 1852 umfangreiche Baumaßnahmen, u. a. der Bau einer Untersuchungshaftanstalt (bis 1961 genutzt).

1893 Das 1892 gegründete Museum erhält Räumlichkeiten. Neben Stolpen, Oybin und Leisnig ist es das vierte Museum in einer sächsischen Burg.

1935 Als Sitz eines Amtsgerichtes geht das Schloss infolge der »Gleichschaltung der Länder« aus dem Eigentum des Freistaates Sachsen (Justizministerium) an das Deutsche Reich (Reichsjustizministerium) über.

1938 Die «Lichte Jupe» wird als Aussichtsturm zugänglich gemacht

1945-1947 Das Schloss ist Dienststelle und Gefängnis des sowjetischen Geheimdienstes NKWD.

1960 Das »Ministerium für Justiz« der DDR übergibt das Schloss der Stadtverwaltung.

1990 Als letzte Behörde der regionalen Verwaltung verlässt das »Kreisgericht« den tausendjährigen Verwaltungssitz Schloss Rochlitz.

1990/1991 Wiederherstellung der ursprünglichen Hofsituation durch Abbruch der 1961 aufgegebenen Untersuchungshaftanstalt.

1994 Das seit Sommer 1993 vom Staatlichen Hochbauamt Chemnitz betreute Schloss wird vom Freistaat Sachsen übernommen, es untersteht als unselbständiger Staatlicher Schlossbetrieb der Sächsischen Schlösserverwaltung.

1995 Sanierung der Westzwingermauer und der Brücke.

Aug. 1995 1000 Jahrfeier.

1996-1999 Notsicherung des Fürstenhauses und weitere Umbauarbeiten.

1999/2000 Sanierung des Daches der »Finsteren Jupe« und Instandsetzung der Türmerwohnung.

Literatur

Albrecht von Brandenburg-Ansbach und die Kultur seiner Zeit. Katalog zur Ausstellung im Rheinischen Landesmuseum Bonn, 16. Juni bis 25. August 1968. Düsseldorf 1968.

Baudisch, S.: Lokaler Adel in Nordsachsen. Siedlungs- und Herrschaftsstrukturen vom späten 11. bis zum 14. Jahrhundert. Köln, Weimar, Wien 1999.

Baumbach, U.: Burg und Stadt Rochlitz als fürstliche Hofhaltung und Residenz. In: Festschrift 1000 Jahre Rochlitz. Beucha 1995.

Baumbach, U.; Reuter, S.: Das Fürstenhaus des Schlosses Rochlitz, ein landesfürstlicher, repräsentativer Saalbau um 1375/80. In: Burgenforschung aus Sachsen, Bd. 2, 1999.

Billig, G.: Rochlitz im frühen Mittelalter. In: Festschrift 1000 Jahre Rochlitz. Beucha 1995.

Black-Veldtrup, M.: Kaiserin Agnes (1043–1077). Quellenkritische Studien. Köln, Weimar, Wien 1995.

Blaschke, K.: Geschichte Sachsens im Mittelalter. Berlin 1990.

Buchwald, G.: Auf dem Schlosse Rochlitz vor 500 Jahren. In: Bernstein, A. (Hrsg.): Buch der Landschaft Rochlitz. Rochlitz 1936.

Buchwald, G.: Rochlitz und der Kreis um Luther. In: Bernstein, A. (Hrsg.): Buch der Landschaft Rochlitz. Rochlitz 1936.

Burghardt, C. A. H.: Die Vermählung des Herzogs Johann von Sachsen. In: Neues Archiv für sächsische Geschichte, Bd. 15, 1894.

Corsten, S.; Gillessen, L. (Hrsg.): Philipp von Heinsberg, Erzbischof und Reichskanzler. Studien und Quellen. Heinsberg 1991.

Evers, H. G.: Peter Paul Rubens. München 1942. Darin: Anna von Sachsen, S. 11–22. Franke, H.: Sigismund, Herzog in Sachsen, Bischof in Würzburg. In: Rochlitzer Tageblatt, Nr. 40, Rochlitz 1910.

Gattermann, G.: Die deutschen Fürsten auf der Reichsheerfahrt. Studien zur Reichskriegsverfassung der Stauferzeit. Diss. Bd. 1. Frankfurt a. Main 1956.

Jordan, K.: Heinrich der Löwe. Eine Biografie. München 1996.

Kirmeier, J.; Brockhoff, E.: Herzöge und Heilige. Das Geschlecht der Andechs-Meranier im europäischen Hochmittelalter. Regensburg 1993.

Kötzschke, R.: Rochlitz, Stadt und Land in der deutschen Geschichte. In: Bernstein, A. (Hrsg.): Buch der Landschaft Rochlitz. Rochlitz 1936.

Kruse, H.: Wilhelm von Oranien und Anna von Sachsen, eine fürstliche Ehetragödie des 16. Jahrhunderts. In: Nassauische Annalen.

Jahrbuch des Vereins für Nassauische Altertumskunde und Geschichtsforschung, Bd. 54. Wiesbaden 1934.

Peters, J.: Die alten Schweden. Berlin 1981. Darin: Karl XII., S. 135-166.

Pfau, C.: Das Gau Rochlitz unter Markgraf Dedo. Sonderdruck aus dem Rochlitzer Tageblatt. Rochlitz 1940.

Pfau, C.: Geschichtlicher Führer durch das Rochlitzer Schloss. Rochlitz 1929.

Pfau, C.: Die Gräfin von Rochlitz. Rochlitz 1920.

Pfau, C.: Grundriss der Chronik über das Kloster Zschillen. Rochlitz 1909.

Riedmann, J.: Die Beurkundung der Verträge Friedrich Barbarossas mit italienischen Städten. Studien zur diplomatischen Form von Vertragsurkunden im 12. Jahrhundert. In: Österreichische Akademie der Wissenschaften. Sitzungsberichte, Bd. 291, 3. Abh. Wien 1973.

Schlesinger, W.: Die Besiedlung des Landes um Rochlitz. In: Bernstein, A. (Hrsg.): Buch der Landschaft Rochlitz. Rochlitz 1936.

Seltmann, I.: Zepter und Zügel. Unterwegs im Tross der mittelalterlichen Kaiser. Augsburg 1999.

Starke, H.-D.: Die Pfalzgrafen von Sommerschenburg. In: Jahrbuch für die Geschichte Mittel- und Ostdeutschlands, Bd. IV. Tübingen 1955.

Streich, B.: Zwischen Reiseherrschaft und Residenzbildung. Der wettinische Hof im späten Mittelalter. Köln 1989.

Strickhausen, G.: Burgen der Ludowinger in Thüringen, Hessen und dem Rheinland. Studien zu Architektur und Landesherrschaft im Hochmittelalter. Darmstadt, Marburg 1998.

Wagenführer, H.: Friedrich der Freidige 1257-1323. Historische Studien, Bd. 287. Berlin 1936.

Watzdorf, E. v.: Kunstsinn und Prachtliebe der Kurfürstin Sophie von Sachsen. In: Das schöne Sachsen, Bd. 6. 1931.

Werl, E.: Elisabeth, Herogin zu Sachsen, die Schwester Landgraf Philipps von Hessen. Weida 1938.

Werl, E.: Herzogin Elisabeth von Sachsen (1502-1557) als Schwester Landgrafs Philipp des Großmütigen von Hessen. In: Hessisches Jahrbuch für Landesgeschichte, Bd. 7. Marburg 1957.

Zuverlässige von der Gräfin von Rochlitz. Chemnitz 1775.

Bildnachweis

Archiv Schloss Rochlitz: S. 12, 13, 16, 25, 37, 41, 45, 109, 110 oben, 111, 114, 117

Knierriem, Peter; Rochlitz: Frontispiz, S. 6, 8, 10, 15, 17, 19, 21, 28, 39, 43, 59, 60, 62, 64, 66, 67 oben, 68, 70, 71, 72, 82, 83, 87, 91, 100, 101, 102, 103, 106, 110 unten, 113

Mende, Reinhard; Zürchau: S. 23, 49, 67 unten

Sächsische Landesbibliothek – Staats- und Universitätsbibliothek Dresden, Dezernat Deutsche Fotothek (Reinicke): S. 11, 54, 56

Stadtbibliothek/Stadtarchiv Trier (Dagmar Knürr): S. 33, 36

Verlagsarchiv: S. 30, 44, 75 (Jürgen Karpinski)

S. 34 aus: Blach-Veldtrup, Kaiserin Agnes, 1995

S. 44 aus: Deutsche Geschichte im Bild

S. 53 aus Lemmer: »Der Dürnge benome schinet dur den Suê«, 1981

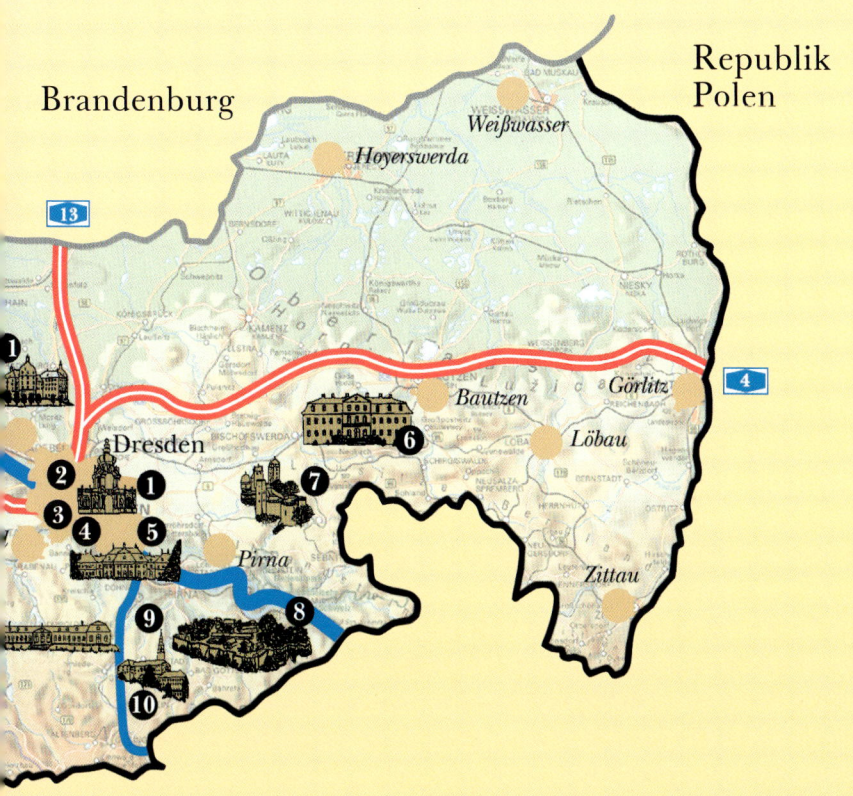

Freistaat Sachsen

Sächsische Schlösserverwaltung im Landesamt für Finanzen
Stauffenbergallee 2, 01099 Dresden
Telefon (03 51) 8 27 46 32, Fax (03 51) 8 27 46 02
Internet: www.sachsen.de/schloesser

1 **Dresdner Zwinger**
2 **Stallhof**
3 **Brühlsche Terrasse/Kasematten**
Postanschrift für 1-3:
Staatliche Schlösser und Gärten Dresden
Brühlsche Terrasse/Zwinger/Stallhof
Zwinger/Theaterplatz, 01067 Dresden
Tel. (03 51) 4 91 46 01, Fax (03 51) 4 91 46 25
Internet: www.schloesser-dresden.de

4 **Großer Garten**
Staatliche Schlösser und Gärten Dresden
Großer Garten
Kavaliershaus G, Hauptallee 5, 01219 Dresden
Tel. (03 51) 4 45 66 00, Fax (03 51) 4 45 67 22
Internet: www.schloesser-dresden.de

5 **Schloss und Park Pillnitz**
Staatliche Schlösser und Gärten Dresden
Schloss Pillnitz
Fliederhof/Kapellenflügel, 01326 Dresden
Tel. (03 51) 2 61 32 60, Fax (03 51) 2 61 32 80
Internet: www.schloesser-dresden.de

6 **Barockschloss Rammenau**
Am Schloss 4, 01877 Rammenau
Tel. (0 35 94) 70 35 59, Fax (0 35 94) 70 59 83
Internet: www.barockschloss-rammenau.com

7 **Burg Stolpen**
Schlossstraße 10, 01833 Stolpen
Tel. (03 59 73) 2 34 10, Fax (03 59 73) 2 34 19
Internet: www.burg-stolpen.de

8 **Festung Königstein**
01824 Königstein
Tel. (03 50 21) 6 46 07, Fax (03 50 21) 6 46 09
Internet: www.festung-koenigstein.de

9 **Barockgarten Großsedlitz**
Parkstraße 85, 01809 Heidenau
Tel. (03 52 9) 5 63 90, Fax (03 52 9) 56 39 99
Internet: www.barockgarten-grosssedlitz.de

10 **Schloss Weesenstein**
Am Schlossberg 1, 01809 Müglitztal
Tel. (03 50 27) 54 36, Fax (03 50 27) 55 52
Internet: www.schloss-weesenstein.de

11 **Schloss Moritzburg**
01468 Moritzburg
Tel. (03 52 07) 87 30, Fax (03 52 07) 8 73 11

12 **Albrechtsburg Meissen**
Domplatz 1, 01662 Meißen
Tel. (0 35 21) 4 70 70, Fax (0 35 21) 47 07 11
Internet: www.albrechtsburg-meissen.de

13 **Schloss Nossen**

14 **Klosterpark Altzella**
01683 Nossen
Tel. (03 52 42) 5 04 30, Fax (03 52 42) 5 04 33
Internet: www.schloss-nossen.de

15 **Burg Mildenstein**
Burglehn 6, 04703 Leisnig
Tel. (03 43 21) 1 26 52, Fax (03 43 21) 5 15 37
Internet: www.burg-mildenstein.de

16 **Burg Gnandstein**
Burgstraße 3, 04655 Kohren-Sahlis
Tel. (03 43 44) 6 13 09, Fax (03 43 44) 6 13 83

17 **Burg Kriebstein**
09648 Kriebstein
Tel. (03 43 27) 95 20, Fax (03 43 27) 9 52 22
Internet: www.burg-kriebstein.de

18 **Burg Rochlitz**
Sörnziger Weg 1, 09306 Rochlitz
Tel. (0 37 37) 49 23 10, Fax (0 37 37) 49 23 12
Internet: www.schloss-rochlitz.de

19 **Burg Scharfenstein**
Schlossberg 1, 09435 Scharfenstein
Tel. (0 37 25) 7 07 20, Fax (0 37 25) 70 72 50
Internet: www.burg-scharfenstein.de

20 **Schloss Augustusburg**
09573 Augustusburg
Tel. (03 72 91) 38 00, Fax (03 72 91) 3 80 24
Internet: www.augustusburg-schloss.de

21 **Schloss und Park Lichtenwalde**
Schlossallee 1, 09577 Lichtenwalde
Tel. (03 72 91) 3800, Fax (03 72 91) 3 80 24
Internet: www.augustusburg-schloss.de